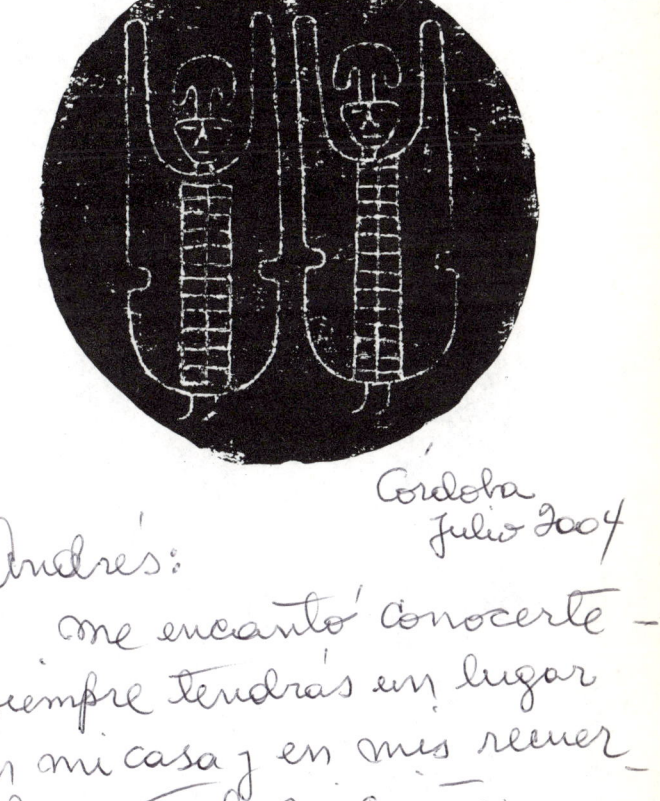

Córdoba
Julio 2004

Andrés:
Me encantó conocerte — siempre tendrás un lugar en mi casa y en mis recuerdos — Todo mi cariño

BIBLIOTECA DE CULTURA POPULAR

Margarita Barretto

EL MATE

Su historia y cultura

BIBLIOTECA DE CULTURA POPULAR / 12
EDICIONES DEL SOL

```
641.877    Barretto, Margarita
BAR        El mate : su historia y su cultura.- 2ª
           ed. 1ª reimp. - Buenos Aires : Del Sol,
           2002.
              144 p. ; 19x11 cm.- (Biblioteca de
           cultura popular)
              ISBN 950-9413-35-6
              I. Título - 1. Infusiones
```

Colección dirigida por Adolfo Colombres
Diseño de colección: Ricardo Deambrosi

Ilustración de tapa: "¡Cielito, cielo que sí!", acuarela de Carlos E. Pellegrini, 1831.

2ª edición / 1ª reimpresión

© Ediciones del Sol S.R.L.
Av. Callao 737
(C1023AAA) Buenos Aires - Argentina

Distribución exclusiva: Ediciones Colihue S.R.L.
Av. Díaz Vélez 5125
(C1405DCG) Buenos Aires - Argentina

I.S.B.N. 950-9413-35-6

Queda hecho el depósito que marca la Ley 11.723
IMPRESO EN ARGENTINA - PRINTED IN ARGENTINA

A la memoria de mi padre.

AGRADECIMIENTOS

Para esta edición han colaborado, como siempre, todos los amigos de mateada, y muchas personas que, conociendo las inquietudes de la autora, fueron, desde la primera edición del libro, en 1989, aportando algún material.

Preciso nombrar algunos que trajeron material original: Pepe, con su artículo sobre el mate en esperanto; Martínez, con los diálogos del mate vía correo electrónico; María Edith, con su datos sobre los jesuitas y sobre la nueva onda matera en Chile; mi mamá, que copió a mano capítulos enteros de libros de literatura gauchesca que no se pueden ya fotocopiar.

Especialmente, preciso agradecer a Enrique Fermenías que, a los noventa años, dedicó muchas horas a contarme su infancia en Chile en contacto con el mate y a buscar libros rarísimos que muestran la importancia que una vez tuvo esta bebida en el país transandino.

Importante fue también la colaboración de Mabel Simoncini, de Radio Municipal de Buenos Aires, en la investigación del material discográfico.

Finalmente, y aunque él no quiera, preciso agradecer a Adolfo Colombres, que enriqueció el libro con su trabajo editorial.

PROEMIO
a la presente edición

Estas páginas pretenden ser apenas un registro de lo que representa el tomar mate en nuestra cultura. Es algo tan arraigado en nosotros que poco pensamos en él, pero si miramos a nuestro alrededor, seguramente lo encontraremos por todas partes: en algún cuadro, una fotografía, una postal, un llavero o un portalápiz.

Todos alguna vez tuvimos un jueguito de mate; los nuestros fueron de metal, los de nuestros hijos de plástico. La tecnología cambió, pero el mate siguió incólume.

Cimarrón, amargo, verde, identificado en sus orígenes con el hombre del campo, de cuyas travesías por las pampas ha sido compañero por excelencia, conquistó al fin su espacio en las ciudades.

La cultura actual del mate se restringe a la Argentina, Uruguay, sur y centro de Chile, Paraguay y sur y sudoeste de Brasil, pero ya dio la vuelta al mundo.

No hay mucha bibliografía sobre él; la mayor parte del material que aquí compartimos con el lector es producto de más de 30 años de convivencia en la familia y la rueda de amigos.

Cuando escribí la primera edición, sabía que había muchas más cosas sobre el mate, y todavía se que muchas más aparecerán después de esta.

Tomé mis primeros mates con mi abuelo Benjamín tan solo para poder estar con él y empaparme de su sabiduría de hombre de campo. Tendría, a la sazón, unos quince años.

Cuando empecé este trabajo, quince años después, mi padre me traía el mate al levantarse de su siesta, pasándome los secretos de una buena cebadura.

Ni mi padre ni mi abuelo llegaron a ver estas páginas impresas, pero ambos estaban presentes, otros quince años más tarde, cada vez que mi hija me cebaba un mate, haciendo honor a su argentinidad.

I

TOMANDO MATE

CAPÍTULO I

CÓMO PREPARAR EL MATE

Hábito común en la Argentina, sur y sudoeste de Brasil, Paraguay y Uruguay, centro y sur de Chile, el mate no se conoce mucho a medida que avanzamos para el norte. En los demás países de América Latina es cosa del pasado y, en el resto del mundo, un hecho ignorado, algo exótico que los emigrantes o turistas rioplatenses pasean por el mundo, respondiendo a la curiosidad de los nativos que preguntan si se chupa o se sopla.

El mate es una infusión, un té, para decirlo más simplemente. Su particularidad consiste en la forma específica en que se prepara y se toma.

Tomar mate no es la misma cosa que tomar un café o un vaso de vino. Tomar mate requiere un clima, un tiempo, un ambiente espiritual definido. No se toma mate en cualquier parte o con cualquiera.

No se toma en cualquier parte, porque su preparación implica el uso de una batería compuesta de varios utensilios cuyo traslado es complicado. No se toma con cualquiera porque, detrás del aparentemente simple acto de tomar un té de forma diferente, hay toda una simbología, una trama de significados de comunión y amistad.

Tres son los elementos básicos: la yerba, el mate y la bombilla. Con ellos se puede tomar un mate improvisando los otros implementos de apoyo, pero existen otros elementos casi tan necesarios como los primeros:

la pava o caldera para calentar el agua, la yerbera, el azucarero en las regiones del mate dulce, la cuchara yerbera, el soporte para el mate y, desde la segunda mitad del siglo XX, el termo.

La preparación del mate varía de acuerdo con la región, básicamente debido al tamaño del mate, que es diferente en la región del Plata y hacia el sur.

En nuestra región se usa mate chico. Se coloca la yerba hasta la mitad, inclinando el mate, se vierte agua caliente, se deja hinchar, se clava la bombilla y se va cebando un mate de cada vez, cuidando de que el agua moje la yerba de abajo para arriba. El agua, por su parte, debe estar caliente pero no hirviendo. Se debe apagar el fuego cuando la pava empieza a chillar.

Dice esta canción de Río Grande do Sul:

> *A chaleira está chiando na primilha,*
> *não deixa a água ferver, prenda minha*
> *traz a cuia e a bomba, serve o mate*
> *gauchinha, bem querer*[1]

Dice el investigador del tema Amaro Villanueva[2] que si el agua hierve se estropea porque pierde el aire, pero también puede ser porque el agua hirviendo quema la yerba. Cuando el agua está a punto de ebullición, al verterla sobre la yerba seca, esta suelta un aroma que impregna el ambiente. Esto no sucede si el agua está muy fría o muy caliente. Si el agua se calienta demasiado, lo mejor es desecharla o dejarla enfriar. Mezclarla con agua fría no da buen resultado. Una técnica utilizada cuando el agua está muy caliente es ir volcando un chorrito bien fino de agua contra la bombilla, por el lado de afuera, a unos dos centímetros de la superficie

---

[1] La caldera está chillando en el primus/ no dejes el agua hervir, prenda mía/ traé el mate y la bombilla, serví el mate/ gauchita, querida.
[2] Amaro Villanueva, *El arte de cebar*, p. 36.

de la yerba. De esta forma el metal actúa como tubo de refrigeración, haciendo que el agua llegue a la yerba menos caliente.

Otra técnica para dejar la yerba suelta es colocarla en el mate hasta la mitad, después dar vuelta el mate, sobre la palma de la mano o sobre un papel y después volverlo a la posición original dejando que la yerba caiga por su propio peso en el mate inclinado a 60 grados.

Hay regiones en que existe el hábito de dejar hinchar la yerba con agua tibia, sobre todo si esta es de molienda fina, como en Uruguay. En ese caso los dos primeros mates no se pueden tomar, se escupen, lo que cabe al cebador, por supuesto.

Otro elemento clave es el momento de poner la bombilla, operación llamada por algunos "ensillar el mate", expresión que veremos con otro significado más adelante. Debe colocarse con precisión, sin mover la yerba, porque si no el mate se puede tapar.

En las regiones en que se usa mate grande, sobre todo en el norte argentino, el mate se llena hasta el borde de yerba, se deja hinchar y se ceba cuidando de dejar un copete de yerba seca arriba. En el sur de Brasil la yerba industrializada es de molienda finísima, prácticamente polvo, y para que la bombilla no se tape no se debe enterrar en la yerba. Así, es necesario acomodar la yerba de un lado solo del mate, dejarla hinchar, después recostar apenas la bombilla e ir colocando agua en la mitad del mate donde no hay yerba, para que no se mezcle, pues si eso sucede queda con la consistencia de la borra de café, tapando la bombilla y obligando a empezar todo de nuevo.

Operaciones complicadas, ¿no? Es justamente toda esa técnica lo que hace que el mate no sea un té como cualquier otro. Inclusive se dice "cebar" mate y no servir, porque cebar da la idea de mantener, alimentar y sustentar algo en estado floreciente, según algunos estudiosos de la semántica.

Y los secretos no paran ahí. Hay una inclinación cierta para la bombilla, y un ángulo cierto para poner el agua dentro del mate, que varía de acuerdo con el tamaño y modelo del mate y el tipo de yerba. En todos los casos, sin embargo, hay técnicas comunes. Por ejemplo: no se puede mover la bombilla, porque el mate se estropea.

"Siempre estropeaba el mate, tirando de un lado y de otro la bombilla, revolviéndolo como si estuviera haciendo polenta", dice Cortázar de su personaje la Maga, en *Rayuela*[3].

Se toma despacio el mate. En las regiones de mate chico, cada cebadura es para una persona. En el sur de Brasil, la tradición es que cada persona de la rueda vaya tomando un trago de una misma cebadura, aunque últimamente cada uno toma una cebadura completa, demorándose mucho con el mate en la mano ya que se utiliza el mate grande.

Al cabo de un tiempo la yerba empieza a perder su sabor, se lava. El primer síntoma de que el mate se está levando es que no hace más espuma, y la espuma es lo esencial de un buen mate:

> *Al verla ansina, Ramona,*
> *con su vestido floreao,*
> *se me hace un mate cebao*
> *con la espuma copetona...*

La duración de la cebadura está en relación directa con el tamaño del mate y la calidad de la yerba, y en relación inversa con el ancho de la boca, pero, fundamentalmente, depende de la habilidad del cebador. Este precisa estar atento para que el mate no se caliente demasiado o no se enfríe, manteniendo el intervalo adecuado entre mate y mate.

Cuando el mate se lava, se puede proceder de varias

---

[3] Julio Cortázar, *Rayuela*, p. 100.

maneras: dar vuelta la yerba, cambiar la cebadura, ensillar (renovar parcialmente la cebadura) o simplemente dejar de tomar.

Otra de las variantes fundamentales del mate es el sabor. Hay regiones de mate amargo y regiones de mate dulce. En las que predomina el mate amargo, el dulce es para las mujeres. Algunas provincias, como por ejemplo Entre Ríos, son de mate dulce. En el sur de Brasil sólo se toma mate amargo.

La técnica de cebar el mate dulce es ligeramente diferente. En general se usa un mate piriforme, y cada dos vueltas, dependiendo del número de tomadores, se mueve la bombilla en sentido circular y se ensilla, agregando yerba y azúcar. Ese tipo de mate, por lo tanto, no se lava rápidamente; se deja de tomar por cansancio de los tomadores o por cansancio del cebador, que puede "colgar el mate".

CAPÍTULO II

EL SIGNIFICADO DE TOMAR MATE

Hasta ahora vimos la forma de tomar mate, ahora veremos el contenido.

Hay todo un ritual acerca del mate. Generalmente se prepara cuando hay un grupo pequeño de amigos o dentro del núcleo familiar. Sea preparado en mate grande o pequeño, debe haber más de una persona para tomar con la debida pausa. "Y el mate compartido mide las horas vanas" dice el poeta Borges[4]. Es raro el mate no compartido.

El mate presupone, también, una determinada distribución física de los tomadores: en rueda, costumbre originaria de la necesidad de mantenerse alrededor del fogón, para conservar el agua caliente.

Actualmente, el uso cada vez más generalizado del termo hace que no sea necesario estar cerca del fuego, pero las personas siguen haciendo la rueda. Algunas regiones fueron las primeras en adoptar el termo, que inclusive es llamado por algunos "invento uruguayo".

"En la Argentina, el mate se toma dentro de casa o a campo abierto, cerca del fuego; en Uruguay se usa el termo y se lleva el mate a la playa, en la calle, en el ómnibus", comentaba una revista por los años 60. Actualmente se ve mucha gente tomando mate en las playas y plazas, fundamentalmente en el interior, y es

---

[4] Jover Peralta, *Cancionero del mate*, p. 26.

sorprendente la cantidad de termos y mates que circulan en la ciudad brasileña de Porto Alegre.

Volviendo a nuestra rueda de mate, una de las personas, que no precisa ser necesariamente el anfitrión, será el cebador. Hasta acabar esa cebadura no habrá otro, porque "mate que cambia de mano se echa a perder". Una particularidad del mate es que la primera cebadura no es rica, razón por la cual el cebador se la toma, cosa que parece muy grosera frente a los que no conocen la costumbre. El homenaje se hace con el segundo mate, que se ofrece a quien se quiere agasajar. Hay quien dice que el cebador toma primero para mostrar que el mate no está envenenado, pues en tiempos remotos habría sido utilizado para deshacerse de enemigos.

Otra aparente grosería del ritual es que no se dice gracias al recibir el mate: "gracias" significa "no quiero más".

Hace unos años estudiaba con un porteño, gran amante del mate pero poco conocedor de su lenguaje. Llegó a casa y le pidió a mi papá que nos cebara mate; tomó con verdadero deleite el primero y lo extendió con un efusivo "gracias". Mi papá lo miró y siguió cebando para los otros. Al poco rato hubo que aclarar la situación porque el pobre se moría de ganas de tomar y no le daban más.

El momento de tomar mate es un momento de tranquilidad, de descanso, de confraternización; por eso el tomador de mate elige a quién convida y de quién acepta la invitación.

"Éramos jóvenes, Mauricio; resultaba tan fácil [...] entre discos de jazz y mate amargo, dueños de una sólida inmortalidad de 50 a 60 años por vivir", decía Cortázar en *Final del juego*[5].

El mate ha sido comparado a la pipa de la paz de

---

[5] Julio Cortázar, *Final del juego*, p. 140.

los indios norteamericanos, como símbolo de fraternidad, por pasar de boca en boca. Dice el escritor peruano Manuel Seoane: "El mate tiene cualquier cosa de pipa de la paz, que circula de boca en boca en intimidad colectivista, eje de un círculo que siempre es de amistad fraterna"[6].

Hay, efectivamente, todo un simbolismo de fraternidad y de afectividad; por eso, no aceptar un mate puede significar despreciar al anfitrión. En ciertas regiones, limpiar la bombilla en el momento de tomar es una ofensa, una profanación. En las provincias del Noroeste argentino, en cambio, se estila lavar el pico de la bombilla con un chorrito de agua caliente y secarla con una servilleta.

No es la misma cosa invitar con un té o con un café, que se sirven en tazas individuales. El mate es más íntimo. Es un elemento de vinculación, de aproximación entre las personas, por el hecho de pasar de mano en mano y porque todo el mundo toma de la misma bombilla. Es como pasarse la botella, o tomar del mismo vaso. "Pero este mate es como un indulto, che, algo increíblemente conciliatorio", dice Oliveira en *Rayuela*[7]. A pesar de que existe el soporte de metal o el canastito para colocar el mate (los posamates), mientras éste está circulando no se apoya, habiendo siempre un contacto, aunque sea leve, entre la mano del cebador y la de los tomadores.

El mate también está ligado a un ritmo de vida. No se puede tomar "al paso", en un mostrador. Requiere tiempo, preparación; significa charlar, pasar un rato juntos.

Una pregunta, por lo tanto, surge inmediatamente; si para tomar mate se precisa tiempo, ¿será que el mate encuentra lugar en nuestra moderna sociedad urbana?

Hubo un tiempo, no muy distante, en que el mate

---

[6] Jover Peralta, *op. cit.*, p. 16.
[7] Julio Cortázar, *Rayuela*, p. 173.

era considerado bebida de perezosos. Era común oír: "Fulano no quiere trabajar, sólo quiere quedarse en la casa, tomando mate". Hasta hoy muchas personas colocan como símbolo de la indolencia al criollo tomando mate, igual que lo hacían los españoles durante la colonia; entre ellos Hernandarias, que decía que el mate hacía a los hombres viciosos, haraganes y abominables. Este gobernador llegó, en 1618, a quemar una bolsa de yerba en la plaza de Buenos Aires como repudio, tanto a los males del mate como al maltrato que por su causa recibían los indios.

Pocos años después, el interés comercial de los jesuitas por la yerba hizo que el mate entrara a la casa de los gobernadores y de la aristocracia, pero para los extranjeros el mate siguió siendo símbolo de indolencia como se puede ver en este informe de 1764. "Los españoles de Montevideo son muy ociosos; no se ocupan más que de conversar juntos, tomar mate y fumar un cigarro" (Pernetty, citado por Assunção).

Al principio del siglo XX, nuevamente el mate es relegado al suburbio y al campo, cuando la capital se reviste de aires europeos.

> *Si es muy rico el que ha llegado*
> *por ser la primera vez*
> *la dueña de casa dice,*
> *¿desea mate o café?*

En ciertos círculos sociales, hasta hace poco tiempo, el mate era considerado cosa de pobres, o, en todo caso, de gente poco refinada: "...a Celina le costó dejar el 'doctor'; tal vez la enorgullecía darme el título delante de otros, mi amigo el 'doctor'... Así ellos se acercaron a mí pero yo estaba tan lejos como antes. Ni yendo juntos a los bailes populares, al box, hasta al fútbol, o mateando hasta tarde en la cocina" escribe Cortázar[8].

---

[8] Julio Cortázar, *Bestiario*, p. 122.

Como consecuencia de este vaivén, la bebida pasó a ser más consumida por la gente del campo o de ciudades del interior; en Buenos Aires, por ejemplo, se toma menos mate que en Montevideo. Dentro de las capitales, estuvo más asociado a los arrabales, como puede ser visto por la letra de muchos tangos y por la literatura en general.

Dice la biografía de Tadeo Isidoro Cruz que era gaucho que nunca vio la ciudad, se quedó en las afueras de Buenos Aires "taciturno, durmiendo en la tierra, mateando..."[9].

Por suerte, se asiste hoy a un proceso de inculturación del mate, una reelaboración de su uso, incorporándolo a actividades diversas: es común ver a los estudiantes tomando mate, dando al estudio la pausa necesaria. Se acompañan de mate los viajes largos, las discusiones políticas, los trabajos manuales, la producción intelectual.

"Y salir después, a las reuniones escondidas... dos timbrazos clave y puertas que se abren, mate, café... planos de un trazo casi escolar" nos cuenta Benedetti en sus *Geografías*[10].

En una época no distante, también estaba presente en los velorios, como ilustra Cortázar en *Bestiario*: "En la cocina andaban ya con el mate. El velorio se organizaba solo, por sí mismo"[11].

El mate, sin duda, está definitivamente incorporado en nuestra cultura. Los autores costumbristas de la literatura rioplatense, e inclusive del sur de Brasil, y de Chile ilustran nuestra observación.

No hay hora para tomar mate. En general se toma al desayuno:

"De mañana temprano nos sentamos en la cocina a tomar mate. Ella no dijo nada y yo no pregunté... Y así

---

[9] Jorge Luis Borges, *El Aleph*, p. 82.
[10] Mario Benedetti, *Geografías*, p. 63.
[11] Julio Cortázar, *Bestiario*, p. 118.

durante una semana. Hasta que una mañanita, cuando me alcanzó el último mate, le dije...", escribe Galeano.[12]

A veces, a media tarde:

"...y cuando, a las cuatro y media salió Carlos de dormir, cebamos mate y después preparamos la máquina", escribe Cortázar[13].

Pero también hay quien lo toma antes o enseguida del almuerzo, o como aperitivo antes de la cena:

"...y los ñoquis que estaban listos, huy qué temprano, vamos que si no se pasan, y yo que tengo la panza llena de mate, lo que ocurre es que ustedes se calientan discutiendo y no se dan cuenta que se toman dos termos completos", escribe Benedetti[14].

"Irene estaba tejiendo en su dormitorio, eran las ocho de la noche y de repente se me ocurrió poner al fuego la pavita del mate", escribe Cortázar[15].

O en cualquier otro momento:

"Este indio Juca era un hombre de pasar una noche entera comiendo carne y mateando", escribe Simões Lopes Neto[16].

"...me quedaba un rato en la sala de estar donde se me incluía en el rito del mate, que llegó a gustarme mucho. La señora Yolanda era una adicta a esas yerbas y las compartía con todo el que estuviese allí a esa hora" cuenta el personaje Blanca, una aristócrata chilena[17].

O, como sintetiza una canción del folclore entrerriano:

...mate amargo cimarrón
el de las mañanas claras

---

[12] Eduardo Galeano, *Días y noches de amor y de guerra*, p. 29.
[13] Julio Cortázar, *Final del juego*, p. 38.
[14] Mario Benedetti, *Primavera con una esquina rota*, p. 60.
[15] Julio Cortázar, *Bestiario*, p. 13.
[16] Simões Lopes Neto, *Contos gauchescos*, p. 54.
[17] Marcela Serrano, *Para que no me olvides*, p. 68.

> *el de las tardes serenas*
> *el de las noches cerradas...*

"Mate amargo cimarrón", de
Los Hermanos Cuestas

Últimamente, en las provincias, muchos adolescentes al volver de los bailes de madrugada, esperan que abra la panadería y hacen su fin de fiesta tomando mate y comiendo facturas en las plazas o playas, a la orilla de un río o en la falda de una montaña.

La recuperación del orgullo de ser matero se puede apreciar en diversas formas, algunas que se podría decir lógicas y otras insólitas. Empresas como Las Marías se ocupan de distribuir material didáctico infantil, un librito de pintar llamado *Mate de leche* para que los niños aprendan a valorizar el mate.

Un semanario uruguayo alternativo lleva también el nombre de *Mate amargo*.

La presencia del mate es tan marcante en el día a día de los rioplatenses que durante varios meses del año 1990 circuló a nivel internacional, por el recién creado correo electrónico, "The Yurnal of Aplaid MetaMatecas: an electronic service of Mate Addicts Through E-mail, M.A.T.E.", con ocurrentes mensajes que tenían como tema el mate, intercambiados por "criollos" que vivían en varias partes del mundo.

Los "gauchos"[18] o sea, los oriundos del estado brasileño de Río Grande do Sul cultivan el hábito del mate tanto como los rioplatenses. Cierta vez presencié una escena que me emocionó en un colegio. Una profesora fue a contarle al director un determinado éxito obtenido, y la respuesta de este fue: "muy bien, muchacha, entonces entrá y tomate un mate". Una cebadura-homenaje, como manda la tradición.

---

[18] Se pronuncia "gaúshos".

CAPÍTULO III

LAS VARIANTES REGIONALES

El mate, como ya dijimos, tiene muchas variables regionales. Se toma, actualmente, en Argentina, Paraguay y Uruguay, en todo el territorio. En Brasil, en los estados de Río Grande do Sul, Santa Catarina, Paraná y Mato Grosso do Sul. En Chile se toma en el sur, a partir de las ciudades de Temuco, Valdivia y Osorno hasta la Isla de Chiloé, donde se toma con mayor intensidad. También en la región central, se toma en el campo, en los alrededores de Viña del Mar, Santiago y Valparaíso.

En la región norte de Argentina se usa mate grande, al igual que en Paraguay y en el sur de Brasil. En esta última región es común el uso del llamado "mate de camionero", con borde bien ancho. En el resto del territorio argentino, en Uruguay y en Chile se usa mate chico. En Argentina, Uruguay, Chile y sur de Brasil se toma mate con agua caliente. En Paraguay, el Chaco argentino y Mato Grosso do Sul se toma "tereré", con agua fría, y a veces helada con cubitos.

En Argentina, Uruguay y Paraguay cada tomador acaba el contenido del mate. En Brasil, en algunas regiones la misma cebadura pasa de mano en mano y cada uno toma un sorbo, estilo que en Argentina se llama "mate de velorio" y que es muy poco frecuente. En Chile últimamente se ha incorporado entre los estudiantes la modalidad de compartir la misma cebadura, pero lo más usual es que se cebe al estilo rioplatense.

En el sur de Chile, sur de Argentina y Uruguay se

toma, de preferencia, el mate amargo. Más al norte de Argentina y en la región central de Chile, predomina el dulce. El tereré es siempre amargo, y en las regiones de mate caliente de Brasil, sólo se toma amargo, o sea, cimarrón.

Cada región introduce sus variaciones en el mate original. En Paraguay se le agregan hierbas refrescantes. Esa costumbre tuvo su origen durante la guerra del Chaco, como medio de combatir la sed y el gran calor.

En la provincia de Córdoba se toma mate con peperina, planta muy abundante en la región (afrodisíaca según la creencia popular). En la provincia de Entre Ríos, los judíos rusos y alemanes introdujeron la costumbre de tomar el mate con un terrón de azúcar en la boca, forma en que toman el té negro también. En otras regiones de Uruguay y Argentina se pone cáscara de naranja seca, y en otros tiempos se le ponía jugo de naranja. En Chile se pone cáscara de naranja o cáscara de limón. También se usa leche para cebar, lo que se conoce como "mate de leche", que se toma en Argentina, Uruguay y Chile. En Brasil se prepara el mate-couro con un yuyo refrescante llamado "chapéu de couro". En los países del Plata también se toma mate de café –mate con una cucharadita de café en polvo (no café instantáneo) dentro de la yerba– y mate de pitanga, con hojitas de esa planta.

Pasó a llamarse mate, por extensión, a toda infusión tomada con bombilla. Por ejemplo, están el "mate de cascarilla", que se prepara con cascarilla de cacao y leche, y el "mate de té", que consiste en colocar té negro en el mate en lugar de yerba.

Fotos antiguas nos pueden deparar verdaderas curiosidades, como por ejemplo, un mate con cerveza en Olavarría, en los albores del siglo.

Actualmente, en las playas del sur de Brasil se puede ver una bebida típica llamada "caipirinha"[19] servida

---

[19] Hecha con caña, azúcar, limón y hielo.

dentro de un ananá ahuecado, colocado en un posamate, y con una bombilla de metal.

Área geográfica del mate

CAPÍTULO IV

UN POCO DE HISTORIA

Todas las variantes regionales referidas se remontan a un único origen. La historia del mate se confunde con la historia de la yerba. El primer mate fue tomado por los indios guaraníes, inclusive antes de haber inventado la bombilla. Hacían el brebaje en una calabaza y lo tomaban colándolo con los propios dientes, que juntaban para que oficiaran de filtro.

La etimología de la palabra "mate" confunde continente con contenido. Hay dos vertientes que estudian el origen de la palabra: la escuela peruana dice que el vocablo quechua "mate" quiere decir vaso o recipiente para beber. Por lo tanto, la actual denominación de "mate" para el contenido deriva de un proceso de metonimia por el cual pasó a llamarse el contenido a partir del continente. La escuela guaraní ya dice que la palabra "mate" deriva de yerba de la mata, o sea de la selva.

No tenemos cómo evaluar la eficacia de una u otra teoría, y no es nuestra intención. Queremos demostrar, apenas, que las historias del mate y de la yerba están íntimamente entrelazadas.

El uso de la yerba se extendió a partir de las misiones, lo que sucedió también con el mate. En lo que respecta a Brasil, el mate se difundió a partir del contacto de los bandeirantes (colonizadores cazadores de indios) con las misiones, diseminándose fácilmente en los lugares de gran concentración de yerbales. No tenemos referencia histórica que explique por qué el hábito no llegó a los estados de San Pablo y Minas Gerais, donde existían grandes y significativas extensiones de la especie, en el siglo XIX, sobre todo en este último, como lo atestiguan las ciudades de Congonhas y Congonhal. La primera *tiene el origen de su topónimo en un arbusto de té muy abundante en la región*. La segunda *era en su origen una planicie bañada por el río Cervo, donde abundaba una planta nativa llamada congoña*. En la producción agrícola actual de las dos ciudades, ni figura la yerba.

Una hipótesis es el propio aislamiento histórico de la meseta paulista provocado por la Sierra de la Mantequeira, que no dejó pasar muchas costumbres comunes en el sur del país y el Río de la Plata. Otra hipótesis de algunos especialistas en economía es que el tipo de desarrollo económico de ambos estados habría llevado a cortar los yerbatales para dar lugar a otras plantaciones. También hay antropólogos que dicen que los guaraníes que emigraron para el norte simplemente no llevaron consigo el hábito del mate, por lo tanto no había ninguna razón para no cortar los yerbatales y utilizar la tierra para otro tipo de cultivo que rindiera más económicamente. Finalmente, está el hecho de que esos estados nunca hicieron parte de las Provincias Unidas, ni de la Cisplatina, lo que es un marco en la cultura. Este último razonamiento, sin embargo, no explica la adhesión de Mato Grosso do Sul al mate, pero tampoco podemos olvidar que hasta hace prácticamente tres décadas la comunicación con aquel estado era por los ríos De la Plata, Uruguay y Paraná.

De todas formas, si bien no se toma mate propiamente dicho, en la región citada se toma el "chá mate", té hecho con las hojas de la yerba mate poco trituradas.

En Chile también se toma mate cuando hace frío, inclusive agregándole un chorrito de aguardiente, pero no es un hábito tan difundido como en los países vecinos. Se toma generalmente de noche, en casa, o cuando llueve, acompañado de sopaipillas[20]. El mate entró a Chile por varios lugares. Al sur, por Río Gallegos y en la cordillera proveniente de Mendoza. Los jesuitas probablemente fueron responsables por su introducción en Chiloé, donde, inclusive, el hábito ha resistido más tiempo, al punto que mucha gente de Santiago dice que el mate "es cosa de Chilota". Por las crónicas de la época de la colonia, se sabe que la yerba llegaba a Chiloé por barco, el llamado "buque anual de Lima", que venía una vez por año del Perú con un cargamento destinado en su mayor parte a los jesuitas, donde figuraba también la yerba mate como artículo muy necesario, con el nombre de yerba del Paraguay.

En Santiago, en la época colonial, las señoras tomaban mate dos veces al día, sirviéndolo en posamates de plata y mates de calabaza con guarniciones de este metal. Se colocaba un terrón de azúcar en el fondo, antes de la yerba y se agregaba jugo de naranja. La señora de la casa tomaba los primeros.

Se cree que el mate haya llegado a Chile en 1558 con la expedición de Alonso Sotomayor y que en Santiago se tomaba en el siglo XVI. Lo que se puede comprobar es que en 1664 se comercializaba yerba mate en la ciudad y que era la más popular de las infusiones, al punto de que quisieron gravarla con impuestos para construir un puente, fracasando ante la protesta generalizada.

El consumo de yerba empezó a disminuir en 1810 debido a un aumento de precios exorbitante[21] y se trató en vano de sustituir la yerba con otra de nombre guillipatagua.

En la región centro-norte se tomaba todavía a

---

[20] Especie de torta frita que lleva zapallo.
[21] La arroba pasó de 3 pesos a 75 patacones.

principios de siglo. Los arrieros cuyanos provenientes de Argentina, cruzaban la cordillera trayendo yerba, y a su llegada a las estancias se les recibía con una gran mateada, de la que participaban sobre todo las mujeres, mientras los hombres tomaban chicha. En el Valle del Huasco, frontera con la norteña provincia de Atacama, alrededor de 1920, se tomaba mate con yerba paraguaya. Llegaba también yerba brasileña por barco, dando la vuelta al Cabo de Hornos, pero tenía poca aceptación por ser polvo.

En Bolivia, a pesar de haber yerbatales, el hábito casi desapareció después de la colonia. En algunas regiones se toma, actualmente, mate de coca, y el mate propiamente dicho, en la cordillera, región fronteriza con Argentina, siempre asociado a bajas temperaturas.

La yerba mate fue, durante la época de la colonia, utilizada en toda América del Sur en lugar del té. Inclusive, en 1767, era uno de los tres productos que Buenos Aires podía comerciar con Perú y Chile (junto con el algodón y las mulas). A partir de 1782 hay referencias de la disminución del consumo en Chile, Perú y Ecuador, debido al aumento de los precios. Esto debe haber sido una consecuencia directa de la extinción de la Compañía de Jesús en 1773, una vez que la yerba que ellos producían no estaba más en el mercado.

En los países del Plata no solo resistió, sino que hay un aumento en el consumo por parte de los jóvenes, como una forma de reencontrarse con sus raíces. En Chile también el hábito se está diseminando nuevamente, con las migraciones internas para las ciudades, y entre los estudiantes. En el campo, nunca se dejó de tomar.

Inclusive, siguiendo el principio antropológico de que el ser humano nunca está tan apegado a sus tradiciones culturales como en la diáspora, vemos emigrados del Río de la Plata firmemente apegados al mate, hasta gente que nunca lo había tomado en su país. Ejemplo muy claro para ilustrar lo dicho encontramos en dos obras de Cortázar, *Rayuela* y *El libro de Manuel,* que transcurren en Francia y en las cuales las referencias al mate son permanentes, mucho más densas que en la literatura que transcurre en Argentina.

En otros países, el mate es desconocido, ya que lo han llevado, últimamente, los emigrados de los países latinoamericanos. Quizás el caso más curioso de difusión de la yerba a través de las migraciones sea el de Siria. Inmigrantes provenientes de aquel país, al retornar, llevaron el mate a su tierra natal, y actualmente Siria figura entre los mayores importadores de yerba argentina. En esta última década, los coreanos que se establecieron en Argentina adoptaron inmediatamente el mate y también se está exportando yerba al Lejano Oriente, donde un kilo llega a costar u$s 25,00.

En Francia y Estados Unidos, de acuerdo con nuestras informaciones, la yerba se vende como producto exótico en farmacias o rotiserías muy finas, como nos muestra Cortázar en este divertido trecho de *El libro de Manuel:* "Monique... fue con un grupo de maoístas para asaltar el Fauchon, que es el Christian Dior del morfe... vio un paquete de yerba y se lo metió quién sabe dónde para traérmelo... estuvo bárbara."[22]

[22] Julio Cortázar, *El libro de Manuel*, p. 30.

CAPÍTULO V

CONTROVERSIAS EN TORNO DEL MATE

Tanto la literatura como los textos científicos y la cultura popular nos dan a veces informaciones contradictorias o polémicas sobre el mate.

Los estudios químicos sobre la composición de la yerba que se utilizan hoy día son básicamente los mismos que se hicieron a principios del siglo XX.

El mate hizo un recorrido en el campo social, al vaivén de las investigaciones científicas que sobre él se hicieron y de los cambios en la valorización de las tradiciones que se operó en nuestra cultura.

A principios del siglo XX fueron realizadas algunas investigaciones científicas que llegaron a la conclusión de que el mate tonificaba el sistema nervioso y regularizaba el esfuerzo que precede a la actividad intelectual y/o muscular, afirmándose que era un regulador del corazón y la respiración.

En 1910 el Instituto Adolfo Lutz llegó a la conclusión de que el mate era el alimento fundamental del gaucho pobre. De acuerdo con este informe, cuando el mate se asocia a una nutrición deficiente restablece el equilibrio, impidiendo que el organismo se debilite, manteniendo la energía física y psíquica incluso en ayunas.

"Tenía frío y el cuerpo cortado de cansancio.

En torno al fogón, casi apagado, concluía de matear

la peonada, y ligué tres amargos que me despertaron un tanto."[23]

Por esa época, el doctor Monin, secretario general de la Sociedad Francesa de Higiene, descubrió las propiedades del mate y trató a diabéticos con él. Su tratamiento se basaba en el hecho de que el mate es regulador del aparato digestivo, no da insomnio, palpitaciones ni agitación nerviosa. Su condición de diurético hace que sea astringente y antitérmico.

Por los años 30 aparece una corriente de médicos higienistas en Uruguay que combate el mate "por la antihigiénica práctica de tomarlo en común", siguiendo la escuela de algunos observadores europeos que veían en el mate un hábito muy poco higiénico. "La saliva que baña continuamente la boca es la portadora de aquellos gérmenes que pueden provenir de infecciones dentarias, lesiones sifilíticas y de los bronquios y los pulmones. La saliva así infectada deposita esos gérmenes en el pico de la bombilla, de donde son absorbidos por las otras personas que toman el mate en la rueda. La supresión del mate en común evitará desagradables consecuencias."

Lo que decía el doctor Vacarezza tiene algo de cierto, pero sucede también que hubo y hay una corriente de pensamiento que asocia invariablemente progreso con abandono de las tradiciones, con el desprecio por éstas. Coincidente con esto, surgió poco después una corriente de clase media que rechazó el mate como hábito poco elegante, "mersa" en una palabra, cosa de pobres o de ignorantes, lo que en estos últimos veinte años viene desmitificándose por obra de los intelectuales que lo asumieron en su movimiento de contracultura.

Pocos años después del combate de los médicos higienistas al mate, surge en el mismo Uruguay una

---

[23] Ricardo Güiraldes, *Don Segundo Sombra*, p. 29.

corriente que reclama el origen de la yerba mate. Las informaciones periodísticas dicen que los jesuitas habrían encontrado los arbustos del mate por primera vez, a mediados del siglo XVII, en el departamento de Treinta y Tres, en los parajes de Los Cuervos y La Teja, y que, como eran en su mayoría biólogos, descubrieron las propiedades antiescleróticas de la planta. Como ellos tenían un problema en las misiones, porque los indios, debido al exceso de consumo de carne, estaban esclerosados a los treinta años, la habrían llevado para Paraguay. Con esta extraña versión de la historia, se estimuló en la década de 1970 a la Universidad del Trabajo a intentar la explotación de montes de yerba que había en el local y a implantar una estación experimental que no tuvo suceso.[24]

Con respecto al mate como transmisor de enfermedades, hoy en día todo el mundo sabe que no debe tomar mate con desconocidos. De hecho, a lo largo de este libro hemos demostrado que el sentido del mate está en la intimidad y, cuando alguien está enfermo, no comparte el mate con los demás.

En lo que respecta a los efectos negativos sobre el organismo, en las próximas páginas se verá que el mate tiene cafeína. Lo que los españoles descubrieron en los indios lo ratificaron los científicos: el mate es estimulante, es un alcaloide que puede potenciar el rendimiento humano, como sucede con el café, el té o la coca.

Al igual que todas las infusiones, alimentos o medicamentos, su uso excesivo puede producir reacciones patológicas como exceso de nerviosismo, insomnio, palpitaciones (a pesar de las conclusiones de los médicos franceses de principio de siglo), manchas en los dientes.

---

[24] El historiador Assunção dice que efectivamente en los departamentos de Tacuarembó y Treinta y Tres había pequeños yerbatales naturales.

En 1937, el doctor Samaniego, paraguayo estudioso del mate, describía la intoxicación de tereré de esta forma: "Dos personas viciadas en tereré pueden tomar 300 g de yerba por hora, o sea 2,25 g de cafeína. Lo razonable es tomar entre 0,10 y 0,30 g de cafeína por día. La intoxicación se manifiesta a través de dolores de cabeza, temblores en todo el cuerpo, angustia, ojos irritados, disnea, diarrea y frecuente necesidad de orinar."

El abuso del mate muy caliente puede, comprobadamente, provocar cáncer de esófago, por la quemadura constante de los epitelios.

Hay también una serie de creencias en torno del mate, algunas ya abandonadas y otras que son producto de confusiones. Una creencia típica es que el mate adelgaza, ya que, siendo diurético, ayuda a deshinchar y, tomado amargo, lógicamente engordará menos que el café o el té que, normalmente, se toman con azúcar.

En el sur de Chile, el mate se tomaba en la cocina, cerca del fuego, porque se creía que si la persona no lo toma abrigada, podía enfermarse; más al norte se pensaba que saliendo a la calle después de tomar mate el tomador podía "agarrar un aire", el frío podía "enchuecarle" la boca.

> *Con la boca bien fruncía*
> *chupa y chupa a maravilla*
> *que se va acabando el mate*
> *y se enfría la bombilla.*

Se cree que compartir la bombilla es saber los secretos de los otros tomadores.

Principalmente en el sur de Argentina, se decía que tomar mate dulce era cosa de mujeres:

> *Desde abajo m'hi vinío*
> *pisando sobre paderes*
> *la yerba para los hombres*
> *la azúcar p'a las mujeres.*

Solía haber, inclusive, en las casas, dos ruedas de mate, una femenina y otra masculina, ya que quien **sabía** tomar mate lo tomaba amargo.

Ya en otras regiones, se dice que cuando el gaucho llegaba cansado su china le hacía un mate dulce. Esto tiene sentido si pensamos que, cuando alguien está muy cansado, le da hipoglucemia y es aconsejable un vaso de agua con azúcar.

El mate también tiene sus cábalas, su poder de cambiar el destino:

• Si el mate cambia de mano, se estropea.

• Cuando el mate rebalsa, el tomador va a ganar dinero.

• Con el mate, se puede hacer una especie de mal de ojo:

> *Amigo le han hecho daño*
> *y se lo han hecho con un mate.*
>
> *Martín Fierro*, verso 837

• Si una brasa del fogón se pega en la caldera, llegarán visitas:

> *Ahí la tiene a la Manuela*
> *que se le hace un puro encanto*
> *con la brasita pegada*
> *con la tapita saltando.*

• Para olvidar las penas, hay que "desparramar la yerba".

• El que toma mate vuelve.

II

LA YERBA

CAPÍTULO VI

FICHA TÉCNICA

La yerba es un arbusto de la familia de las aquifoliáceas, llamado *Ilex paraguaiensis, Ilex mate o Ilex Curitibensis*. La familia de las aquifoliáceas era antes llamada iliáceas, nombre con el cual aparece en algunos textos.

Llega a tener diez metros de altura en estado espontáneo, pero no pasa de seis metros cuando se lo poda. Algunos especialistas discuten que no se trata de un arbusto sino de un árbol.

Su tronco mide 0,40 m de diámetro en estado adulto, teniendo tallos grises, hojas oblongas o cuneiformes, con nervaduras salientes y bordes finamente dentados, que miden entre 5 y 10 cm de ancho y no se caen en el invierno. Tiene flores con cuatro pétalos y muchos peristilos, dispuestos en racimos de 30 a 40 cm cada uno. La fruta es globular, pequeña y de pulpa glutinosa. Su raíz es nabiforme, introduciéndose, su eje principal, verticalmente en el suelo.

La composición química de la yerba varía de acuerdo con el clima, el terreno y la forma del cultivo. En los diversos análisis existentes fueron encontrados los siguientes elementos: agua, cafeína, cenizas solubles en agua, cenizas insolubles, tanino, grasas, azúcar, cera, clorofila, celulosa, fibras, resinas, goma, aceite, proteínas, nitrógeno, ácido cítrico y ácido ascórbico.

Lo más importante para ser determinado es el

porcentaje de humedad, cafeína y cenizas (sales minerales).

Debido a esta oscilación entre los porcentajes de uno y otro elemento, por obra inclusive de mezclas con yerbas inferiores o con mucho palo, en 1930 el gobierno argentino decretó que:

"Se considera como yerba mate exclusivamente al *Ilex*. Se clasifican como ineptas para el consumo las que tengan:

- más de 11% de humedad;
- menos de 0,9% de cafeína;
- más de 9% de cenizas en total;
- más de 2% de cenizas solubles en ácido clorhídrico al 10%;
- más de 10% de polvo que pase por el tamiz número 40;
- más de 5% de polvo que pase por el mismo tamiz, una vez canchada;
- más de 5% de palos de 3 mm de diámetro."

Existe una discusión antigua sobre cuál es el alcaloide de la yerba, llamado por algunos autores "mateína". Para los más modernos, esta no existe: el mate tiene cafeína. El porcentaje de la misma oscila entre 1 y 1,20%, dependiendo del estacionamiento de las hojas en la planta, que puede ser de 1 a 4 años.

Cuadro del Análisis Químico de la Yerba

ANÁLISIS	ELEMENTOS ANALIZADOS		
	%Humedad	%Cafeína	%Cenizas
Gabriel Beltrand y Devouyst	10,50	2,02	5,98
Moreau de Tours (1897)	09,17	1,82	5,54
M. Leprince y R. Lecoq	06,55	1,11	7,36
Universidad de Viena	05,98	1,31	6,28

CAPÍTULO VII

ORIGEN DE LA YERBA

El origen de la yerba es atribuido legendariamente a divinidades. Un poema paraguayo atribuye a Santo Tomás esta dádiva a los indios:

> *En recuerdo de mi estada*
> *una merced os he de dar,*
> *que es la yerba paraguaya*
> *que por mí bendita está.*

La primera leyenda encontrada dice que Tupã, genio del bien, estaba en peregrinaje por la tierra, cuando llegó a la casa de un viejo muy pobre que, a pesar de su miseria, le dio de comer y de beber y lo albergó en su casa. En agradecimiento, Tupã le dejó la yerba.

Otra leyenda cuenta que Yasi y Araí (la luna y la nube) estaban en el bosque, cuando fueron atacadas por un jaguar. Vino un cazador en su auxilio y ellas, como premio, le dieron la *caá* (yerba), planta benéfica y protectora.

La tercera leyenda es semejante a la de Tupã. En ésta, San Juan y San Pedro fueron albergados por un viejito muy pobre, y Dios, en recompensa, transformó a la hija del anciano en árbol de yerba, para que fuera inmortal.

Una cuarta leyenda dice que el guerrero Maté estaba descansando una noche, cuando vino la diosa Sumá y le dio un ramo verde de yerba, diciéndole que lo plantara y que después de secas y trituradas las hojas le darían una deliciosa bebida.

Lo que los guaraníes contaron a los jesuitas es que estuvo en sus tierras, hace muchos años, el Pai Zumé, llamado por los Tupís de Sumé, hombre de gran sabiduría que realizaba muchos milagros. Los padres acabaron interpretando que Sumé sería Santo Tomás, uno de los apóstoles, que se les habría aparecido, lo que fue incorporado a las leyendas autóctonas a partir das historias contadas por los religiosos. El padre Antonio Ruiz de Montoya, de acuerdo con los estudios de Furlong, habría hecho un estudio para seguir el rastro de este apóstol. Ya Assunção le da otra interpretación, diciendo que los jesuitas aprovecharon la fonética de la palabra para "cristianizar" el origen de la yerba visto que no podía luchar contra ella.

Las versiones científicas sobre el origen del uso de la yerba por el hombre también son dos. La escuela peruana afirma que la yerba ya era usada por los quechuas del Incario, los que enterraban a sus muertos colocando alimentos en el túmulo. Excavaciones arqueológicas muestran que hace más de mil años ellos utilizaban las hojas de yerba en su alimentación cotidiana, ya que fueron encontrados vestigios.

La escuela guaraní, por su parte, dice que los descubridores de la yerba fueron los tupí y tapuia, que usaban la yerba y la llamaban *caā-mi* o *caā-i*. Cartas de los jesuitas dicen que los nativos le llamaban *Coguay*. Estas tres denominaciones corresponden a diferentes fuentes consultadas. No tenemos medios de averiguar la mayor veracidad de una u otra. Sin duda ambas culturas, la quechua y la guaraní, conocían y usaban la yerba, siendo estéril la discusión sobre quién la descubrió primero.

A partir de los registros históricos, consta que los guaraníes masticaban las hojas de yerba en sus largas caminatas, o hacían un brebaje con ella, en sus aldeas. Primero lo tomaban directamente, y después a través de una bombilla de "caña de Castilla", encontrando en esos hábitos un antídoto para el cansancio y el hambre. Consta que los indios podían caminar y trabajar tres días sin otro alimento que el mate.

Cuando, en 1536, el Paraguay fue ocupado por los españoles, empezó la explotación de la yerba y su difusión entre los blancos.

Otras fuentes sitúan históricamente el descubrimiento de la yerba por los españoles en 1554, cuando el general Irala, entonces gobernador de Asunción, habría ido al Guairá (actual estado brasileño de Paraná) y descubierto las virtudes tónicas de la bebida indígena. Los indígenas le dijeron que Tupã les había dado la planta a los hechiceros y los españoles la llamaron yerba porque creyeron en principio que se trataba de una hierba.

Los religiosos franciscanos anatematizaron la yerba calificándola de cosa del demonio por haber sido dada a los hechiceros por su dios (Tupã) que ellos consideraban el demonio (Anã), y un fraile dominico dijo que debía prohibirse por ser afrodisíaca, con lo que obtuvo un resultado contrario a sus expectativas. En 1600 cada persona en Asunción consumía ¡un kg de yerba por día! Los más pobres continuaron tomando, quizás porque el alimento terrenal era más importante que las promesas de castigo divino, y la clase abastada conseguía la dispensa de la iglesia para tomarla como medicina.

Lo cierto es que en el siglo XVI ya la yerba se había hecho imprescindible para los colonos españoles y para explotar los yerbatales nativos, muy distantes de Asunción, miles de indios fueron prácticamente esclavizados en las encomiendas, y se los hizo trabajar en condiciones subhumanas durante casi un siglo.[25]

A su llegada a la región, los jesuitas vieron las condiciones de explotación de la población indígena, y trataron de encontrar una solución. La primera fue

---

[25] Por ley, el encomendero recibía tierras del Rey de España y un grupo de indios a los que debía proteger e instruir

47

tratar de disminuir el consumo de yerba. El padre Antonio Ruiz de Montoya, que encontró verdaderos osarios de indios en el camino a los yerbatales, encontró la forma de cristianizar el uso de la yerba, involucrando en su historia al apóstol Santo Tomás.

Los jesuitas se lanzaron entonces hacia el monopolio de la explotación de los yerbatales, dando un tratamiento más humano a los indios, cuidando de que tuvieran provisiones para el viaje de ida y vuelta a las regiones de recolección, y evitando que lo hicieran durante los meses más fríos del año. Finalmente, plantaron yerbatales en las reducciones.

En el aspecto económico, los jesuitas introdujeron mejoras en los métodos de cultivo, resolviendo el problema del bajo coeficiente de germinación e introduciendo técnicas de trituración. Pasaron a consumirla bajo la forma de té al estilo inglés, y llegaron a llevar la yerba para Europa, donde crearon un pequeño mercado consumidor, pero la yerba fue enseguida eclipsada por el té de la India, introducido por los ingleses.

El mayor mercado, de acuerdo con datos de 1620, estaba dentro de América del Sur, exportándose 10.000 arrobas anuales para Asunción y 40.000 para Corrientes, Santa Fe y Buenos Aires, desde las misiones. Esto generó, inclusive una reacción de los colonos españoles, que se sintieron lesionados en sus intereses comerciales y consiguieron que, en 1664, el gobierno limitase en 12.000 arrobas por año el permiso de exportación de los misioneros. Pocos años después, se intenta otra prohibición para disminuir la importancia de los jesuitas en la comercialización de yerba; se prohíbe que sean los intermediarios entre los indios y el comprador, pero

---

cristianamente. En lugar de ello, los hacían trabajar hasta la muerte en los yerbatales, para llegar a los cuales tenían que recorrer hasta 160 leguas (800 km).

a los indios no les resulta interesante ese acuerdo y continúan a llevarle la yerba a los padres y el gobierno precisa anular el decreto[26].

En ese entretiempo, el mercado consumidor creció considerablemente hasta Buenos Aires al sur, y hasta Potosí a través de los Andes. En esta última región, se cambiaba yerba por plata. En el actual litoral argentino, se cambiaba una arroba de yerba (12 kg) por ocho vacas o toros. La yerba producida en las misiones era más cara porque se le extraían las nervaduras, era la llamada *caa-mi,* mientras que la que vendían los colonos, llamada *yerba de palos,* era más barata. Inclusive las reducciones más pobres compraban esta última.

A partir de esta intervención de los jesuitas en el proceso de evolución del cultivo de la yerba, su comercio y la ampliación de su uso por toda la colonia, surge la confusión de algunos historiadores, que afirman que la yerba fue traída por ellos para América. Inclusive en Europa, se la conoció como "té de los jesuitas". Lo que ellos aportaron, sí, fue la forma de prepararla, al estilo inglés.

Si bien la relación entre los jesuitas y la yerba fue en un primer momento de oposición frontal, más tarde encontraríamos en los relatorios del padre Burgues que en el uso de la yerba encontró este misionero la solución al problema de la embriaguez en las reducciones mocovíes, después de que el padre Paucke los estimulara a trabajar premiándolos con raciones de la misma. Los indios confesarían a este último que el mate, al contrario de la chicha, les garantizaba un sueño tranquilo y no les dejaba dolor de cabeza.

La importancia de la yerba para los jesuitas en las reducciones es enorme; aparece como indispensable, junto con la carne ahumada, en los viajes tanto de los padres como de los indios, y como forma de conquistar

---

[26] 1667-1682.

nuevos adeptos al cristianismo. Por ejemplo los indios Chiquitos, del actual territorio de Bolivia, ya catequizados, atacaban aldeas paganas de la región y después les daban regalos, "bastante mate" y allí les hablaban de Dios y del infierno.

La yerba aparece como premio para los que tenían mejor puntería, e inclusive... para los que iban a misa.

Los misioneros también la utilizaban para halagar a los miembros más distinguidos de la comunidad: los caciques recibían doble ración, así como los artesanos. Dar una ración menor a otro cacique era mostrarle que estaban descontentos con su fidelidad y la de su pueblo.

Se utilizaba también como patrón de medida en general. Por ejemplo, en el siglo XVIII, se determina que las reducciones no podrán cerrar contratos que excedan el valor de 20 arrobas de yerba sin autorización superior.

CAPÍTULO VIII
CLASIFICACIÓN DEL ILEX

Durante los tres primeros siglos de explotación de la yerba, la planta era conocida como árbol del mate o congoña, siendo esta última designación derivada del vocablo tupí *gongôin,* que significa "la que alimenta". En 1822, Saint Hilaire, botánico francés que estudió la flora sudamericana, describió por primera vez la planta, dándole el nombre científico que guarda hasta nuestros días. También llegó a la conclusión de que los árboles paraguayos, argentinos y brasileños eran iguales, y que la diferencia en la calidad final del producto se debía al procesado. Saint Hilaire limitó las variedades de *Ilex paraguaiensis* en la *Ilex parvifolia* y *latifolia*. Identificó también una yerba falsa, de sabor amargo, cuyo nombre popular es "caúna".

Otros investigadores no concuerdan con esta clasificación, introduciendo más variedades con criterio territorial:

Ilex paraguaiensis	Paraguay y Mato Grosso do Sul
Ilex brasiliensis	Mato Grosso do Sul
Ilex amara[27]	Paraná (Brasil)
Ilex affinis	Mato Grosso do Sul y Paraguay

---

[27] La caúna sería una variedad de *Ilex amara.*

Ilex theezans	Mato Grosso do Sul, Paraguay y Misiones
Ilex dumosa	Misiones y Mato Grosso do Sul

El naturalista francés Amadée Goujaud Bonpland identificó cuatro tipos inferiores: *Ilex humboldtiana, Ilex amara, Ilex crepitans* e *Ilex ovalifolia.*

Este científico pagó caro sus inquietudes botánicas. En 1821 estaba estudiando la yerba en el Alto Paraná cuando fue preso por orden del presidente Francia como "espía" y confinado durante nueve años.

Antes de estos estudios, la yerba era clasificada en:

Caá-mini	Yerba pura, sin palo
Caá-mirin	Yerba "mansa", producida solo con el limbo de las hojas, sin la nervadura.
Caá-kuyu	Yerba de hojas nuevas, sazonadas, muy delicadas, de color amarillo verdoso
Caá- guaçu o Caá-una	Yerba con palos
Caá-curiu	Yerba silvestre de sabor dulzón

El especialista argentino Villanueva menciona la variedad *Ilex vomitoria*, remedio usado por los indios, que no aparece en los autores anteriores.

CAPÍTULO IX

DISTRIBUCIÓN DE LOS YERBATALES

Los yerbatales se forman por la difusión espontánea del vegetal, creciendo en bosques donde haya *Araucaria angustifolia*, o sea en las zonas bañadas por los ríos Paraná y Paraguay. También se la puede hacer crecer sin el amparo de la araucaria, en terrenos de cuchillas soportando pleno sol en estado adulto.

Hay yerbatales cultivados y espontáneos en los estados brasileños de Paraná, región nordeste del estado de Santa Catarina, en Río Grande do Sul y en Mato Grosso do Sul, región esta que era paraguaya hasta la Guerra de la Triple Alianza, en que pasó a manos de Brasil (1872). Se cultiva en las provincias argentinas de Misiones y Corrientes para abastecimiento casi exclusivo del mercado interno. En el Paraguay se cultiva en todo el territorio. En Bolivia, en la región fronteriza con Brasil, a pesar de no haber consumo interno. En Uruguay hay plantaciones experimentales en la región norte, pero este país atiende su demanda interna importando el producto de Brasil. Argentina también importa algo de Brasil y una cantidad considerable de Paraguay.

El *Ilex mate* es una planta de clima tropical y subtropical, precisando temperaturas de 20 a 30°C, pero pudiendo soportar temperaturas medias de 16°C y mínimas de 3°C en clima templado y suelos gredosos. La faja de producción de yerba mate está situada entre los paralelos 20 y 30 de latitud sur.

La extracción de la yerba puede hacerse a partir de áreas naturales o cultivadas. Los yerbales naturales proliferan a partir de semillas diseminadas por el campo por pájaros que comen los frutos de *Ilex* preparando, dentro de su aparato digestivo, las semillas para su germinación en el mes de diciembre. La extracción de la yerba puede hacerse a partir de áreas naturales o cultivadas. Los yerbales naturales proliferan a partir de semillas diseminadas por el campo por pájaros que comen los frutos del *Ilex*, preparando, dentro de su aparato digestivo, las semillas para su germinación en el mes de diciembre.

La plantación se realiza con semillas obtenidas a partir de los frutos, y su técnica puede ser vista en detalles en el apéndice de este libro.

Canchado de yerba mate. Dibujo de Methfessel

CAPÍTULO X

CÓMO PRODUCIR UNA BUENA YERBA

Lo fundamental para obtener una buena yerba es que la planta esté bien sazonada, o sea, que haya cumplido el ciclo necesario de tres a cuatro años entre cada corte. Las ramas deben cortarse con las hojas secas, o sea, aguardando la evaporación del rocío. Durante las 24 horas siguientes, la yerba debe ser sapecada, primer paso del ciclo de canchamiento, que puede ser visto en detalles en el apéndice del libro. En esta etapa de sapeco está la clave de la buena yerba, porque es bajo la acción del calor que se producen los cambios físico-químicos que harán que la yerba tenga su sabor característico. La yerba que no se seca mediante sapecado tiene gusto a pasto.

Es necesario cuidar que la yerba no se moje después de esta operación, y proceder a un buen secado y trituración. De esta forma, por un proceso de deshidratación la yerba pasa a tener entre 50 y 60% de su peso original, estando apta para su embalaje. La mejor yerba es la que se empaqueta 48 horas después de secada (o tostada, como dicen en Paraguay), pero se puede obtener una buena yerba, también, si se la empaqueta dentro de los seis meses. Transcurrido ese tiempo, se pone ácida.

El estacionamiento en bolsas de lona o cuero mejora el sabor, por la mezcla de los éteres de las esencias naturales.

En las regiones en que se hace el sapeco manual,

sin secadores eléctricos, el cuidado fundamental en el sapeco es que el fuego no suelte humo. El humo es el primer enemigo de la buena yerba.

Una buena yerba tiene las siguientes cualidades: color verde amarillento, olor persistente, sabor amargo suave que se intensifica, progresivamente, hasta alcanzar el máximo en la 14ª cebadura; no se pone vieja en el paquete, no se lava y siempre tiene espuma.

Una yerba mala se reconoce por su color verde azulado y su sabor amargo desde el principio. Se lava en la octava cebadura.

Luego de la trituración gruesa, en los molinos, la yerba pasa por tamices de 14 números diferentes, para atender demandas diversas. En Argentina, la buena yerba debe quedar en el tamiz Nº 12, mientras que en Brasil la yerba para mate que se encuentra en el mercado es polvo, y la tostada para té es considerablemente más grande que la común argentina.

Las mejores yerbas son, por orden, la de Paraguay, la de Mato Grosso do Sul, la de Argentina y la del estado de Paraná (Brasil).

CAPÍTULO XI

USOS DE LA YERBA

La yerba se utiliza, básicamente, para la preparación del mate y del mate cocido, así como el té-mate de Brasil. El mate cocido se prepara de forma diferente de acuerdo con el país. El té-mate se prepara al estilo inglés.

a) Mate cocido argentino y uruguayo: se pone al fuego el agua en una cacerola, y cuando suelta el hervor se agrega yerba en la proporción de una cucharada de sopa cada medio litro de agua. Se deja estacionar y se cuela. Se puede sustituir el agua por leche, o mezclar el mate cocido en agua, con leche en la taza. En Argentina el mate cocido está más institucionalizado que en Uruguay, y es servido como desayuno en los hospitales y cuarteles. En la región de Mendoza se conoce también por el nombre de "yerbeado". Se toma helado en verano.

b) Mate cocido paraguayo: en primer lugar se quema azúcar en la cacerola, agregando luego cáscara de naranja y yerba. De a poco, se le va agregando agua o leche, hasta que toma el sabor deseado.

c) Té-mate brasileño: además de la forma clásica, a la inglesa, durante el verano se toma helado, con limón. Se vende de varias formas: el té a granel, en saquitos, instantáneo, instantáneo con limón. Se vende pronto en vasos descartables, como refresco, con sabores variados, como durazno, o limón.

Otros usos de la yerba mate pueden ser encontrados en la historia. La extinta tribu Xetá, que vivía en el

Guairá, preparaba una bebida denominada "kukuai".

Se trituraba la yerba en un mortero y después se colocaba en una hoja de palmera. No hay registro de la forma en que se obtenía la bebida, pero todo hace suponer que era por fermentación.

Otros usos de la yerba están en el ramo industrial, para fabricación de cosméticos y de ración balanceada.

Después de usada, la yerba se debe desechar. Nada mejor que colocarla en la tierra para tener un buen abono.

Pero no es sólo para estas cosas prácticas y terrenales que la yerba sirve. La cultura popular le atribuye otras utilidades. Se cree que es un árbol sagrado, y por lo tanto su madera es muy procurada para hacer santos y amuletos, para ser buen jinete y para tener suerte en el amor.

Ciertas comunidades indígenas (la fuente consultada no aclara cuáles, pero suponemos que son los guaraníes por los relatos de los jesuitas) utilizaban la yerba canchada para predecir el futuro. El procedimiento consistía en cernirla y quemarla. El encargado de la "lectura" colocaba un lienzo sobre su cabeza para aspirar el humo, en el cual veía el porvenir. Esta ceremonia requería días calmos y soleados. Nos parece que puede ser ésta la comunicación con Anã a que se refería el padre Antonio. Coincide también esta información con la de que en tiempos anteriores a la legada de los blancos, la yerba era exclusividad de los hechiceros (*xamanes*).

La medicina casera atribuye a la yerba propiedades curativas para las verrugas. Se debe quemar un palo de la yerba y aplicarlo sobre la verruga, que desaparecerá instantáneamente.

Los yerbatales y los yerbateros tienen también sus seres sobrenaturales: Ca'apora, duende o fantasma de los yerbales, de la tradición guaraní, y San Lorenzo, protector de los yerbateros, cuyo día es el 10 de agosto, día en que se homenajea también al uru, capataz que determina cuándo se debe retirar la yerba del secador. Como el uru es el hombre que lidia con el fuego, el 10 de agosto, en Argentina y Paraguay no se trabaja con este elemento, porque se cree que si no se respeta su día, San Lorenzo dejará que los peones se quemen.

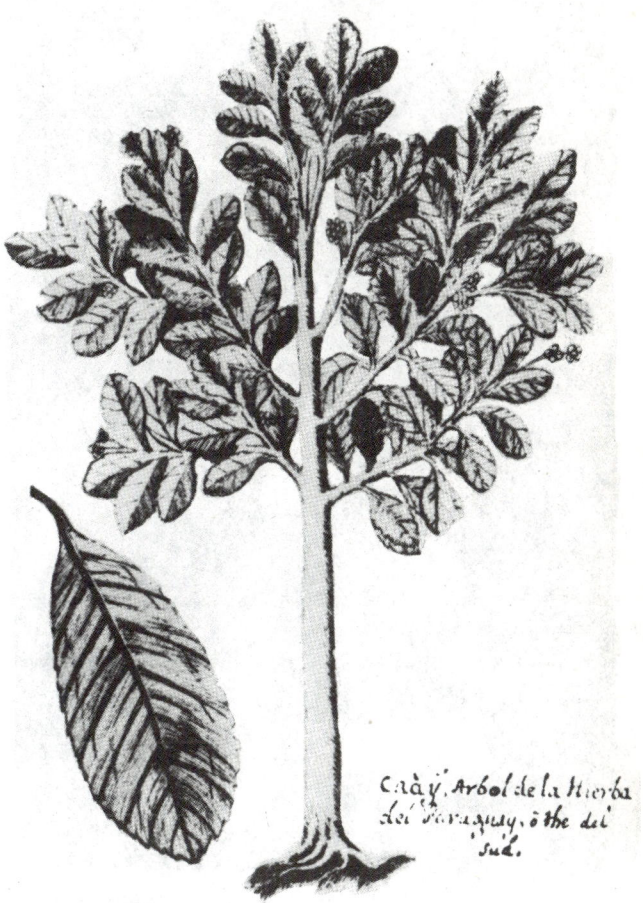

Hojas y fruto del *Ilex Mate*

III

EL MATE Y SUS COMPLEMENTOS

CAPÍTULO XII

EL MATE

El mate es el segundo elemento absolutamente necesario para tomar mate; es el recipiente en el cual la yerba se coloca y prepara.

En quechua, *mate* quiere decir, justamente, 'recipiente'. Los guaraníes lo denominaban *poro*, *pure* o *porongo*. Esta última designación se extendió desde Perú hasta Río Grande do Sul. De la misma forma que hay controversia en torno del origen del uso de la yerba, se discute el origen de las palabras *mate* y *poro*, ya que *puru*, en quechua, quiere decir calabacita, y por lo tanto el origen del vocablo "porongo" no sería guaraní.

El hecho es que hoy hay muchos tipos de mate. Algunos naturales y otros industrializados. El más común y más antiguo es el proveniente del fruto seco de la *Lagenaria vulgaris*, planta de la familia de las cucurbitáceas, conocida como calabaza. Este fruto, cuando seco, tiene textura semejante a la madera. Se raja si se cae, o después de algún tiempo de uso continuo. Crece en el mismo clima y suelo que el *Ilex*: Chaco argentino, sur de Paraguay, sur de Brasil y más al norte, en otros lugares en que no hay *Ilex*. En cada región adopta forma y tamaño diferente, siendo mayor cuanto más caliente es la región. *Lagenaria* viene del latín *lagena* que quiere decir botella. Esta planta, por lo tanto es "la que da botellas", lo que alude a los mil usos que la población nativa siempre le dio, fundamentalmente como recipiente. Para que la calabaza se convierta en mate hay que "abrirle la boca", o sea, hacerle un corte transversal a la altura del estrangulamiento o algunos centímetros más arriba, según la región.

"Soy como los mates, solo sirvo si me abren la boca."[28]

En el siglo pasado, en un momento en que la demanda de mates de calabaza disminuyó por la competencia de los mates de plata, en Paraguay se inventó el "mate moldeado" que se obtenía estrangulando el fruto cuando todavía estaba en fase de crecimiento.

La *lagenaria* es, naturalmente, marrón claro, pero por un proceso de tostado puede adoptar cualquier tono de marrón. Se la puede grabar, pirograbar o tallar con inscripciones, dibujos o paisajes. Hay algunas forradas por fuera con cuero, piel de vaca o de nonato. Una artesanía muy original que se encuentra en Uruguay es el "mate de huevo de toro". Actualmente estos revestimientos tienen fin decorativo, pero su origen es una técnica usada en el campo para conservar los mates, llamada "retobar o embuchar el mate". Consiste en revestirlo con un buche de gallina o pavo, vejiga de oveja o cerdo o bolsa testicular de vacuno. Después se deja secar al sol, provocando la total adherencia a la superficie:

> *Pasando necesidades*
> *más grandes que perro atado*
> *quedé con el buche afuera*
> *como mate retobado.*

Anónimo

Para evitar el desgaste prematuro en la superficie de atrito con la bombilla, en la boca se coloca una protección de aluminio o plata, la virola, que puede ser artesanal o industrializada.

Para restaurar un mate rajado se lo solía coser con cerda, previa inmersión en agua caliente, pasando una

---

[28] José Hernández, *Martín Fierro*, verso 1090.

aguja sin atravesar de lado a lado las paredes del mate. Esto se llama mate cosido, y al respecto hay una graciosa anécdota relatada por Villanueva, sobre un bandido de sobrenombre "Mate Cosido", por un tajo que tenía en la cara, que la prensa divulgó como "Mate Cocido", bebida que en el concepto popular es más o menos la antítesis de un bandido.

Otra forma de restauración típica de Entre Ríos era la "yel". Haciendo penetrar en la rajadura del mate el líquido gomoso de la hiel vacuna, esta cicatrizaba completamente.

La calabaza tiene una amplia simbología y muchas utilidades. En la mitología indígena los alimentos provienen de los dioses; y la calabaza, de la cabeza de los mismos.

Puede ser usada como recipiente para agua, granos, harinas; cortada longitudinalmente es fuente, cuchara, cacerola, vaso, móvil, cantimplora, palangana y hasta... escupidera. Llena de sus semillas y adornada, alegra la fiesta en forma de maraca.

En Chile se usaban las calabazas para tomar chicha, como ilustra este brindis de San Martín que registró la historia:

> *Patriotas, el mate de chicha llenad*
> *y alegres brindemos por la libertad.*

Esta planta rastrera, que precisa apenas de humedad y sombra, era plantada en casa, inclusive. En la frontera Brasil-Uruguay predominan los mates chatos, llamados "galleta", hechos con el fruto de una enredadera, *Crescentia cujetae*, fruto que tiene una saliente en el medio que puede servir como mango. Esta saliente es práctica para sostener el mate, pero molesta en el momento de apoyarlo, por eso, para atender todas las exigencias del mercado, se encuentran con y sin mango. El mate galleta tiene la particularidad de que no se para solo, precisando siempre un posamates, que puede ser de metal, cuero o mimbre. Según la tradición, mantenida por pocos, el mate amargo se toma en galleta. Este puede ser común o extrachato y, según Villanueva, es el tipo de mate más resistente, porque su corte es ecuatorial, damnificando pocas fibras.

Se le llama, también, "mate de dos pencas", porque solo hay dos posiciones para la bombilla, se comienza a cebar de un lado y al dar vuelta el mate, se pone del lado contrario. La boca de este tipo de mate se agranda lentamente y se amolda, con el uso, a la bombilla, de donde viene el refrán: "la boca a un lado, como galleta veterana".

Hay mates hechos con otros materiales. Los indios pampa usaban mates de piedra, en Chile los había de cobre. Esta información, insclusive, contradice otra según la cual el mate con un pedazo de cobre es tóxico.

Hasta mediados de siglo, los reseros llevaban su mate colgado al cinto por una cadenita de plata que a su vez hacía las veces de abrazadera del mate, que era, en general, de guampa.

Actualmente hay mates de cuerno, artesanales con o sin mango, labrados o lisos. Se fabrican de madera de algarrobo, cinamomo (paraíso), guayaco (palo santo), naranjo y, en Brasil, de cocóbolo. Un mate muy original de algarrobo es el "mate pampeano", que consiste en una madera torneada, con una canaleta alrededor de la boca, en la cual hay orificios por donde se pone el agua.

Los hay también de aluminio simple o esmaltado. El más conocido de estos últimos sigue siendo la jarrita de una o dos asas con sus infaltables florcitas de colores, o paisajes pintados. En Brasil, antiguamente, se hacían mates de coco con castaña de Pará. Actualmente hay una gran variedad de mates pirograbados y adornados con motivos en relieve hechos con cemento plástico.

A principio de siglo, empezó la industria de mates de porcelana y vidrio, que no tuvieron mucho éxito, llegando a nuestros días como objetos de colección. Los de porcelana eran llamados "mates de loza" y el más buscado era el "del angelito", que tiene un ángel sosteniendo el mate. En Chile se les llamaba "loza de las monjas", y eran los preferidos de las mujeres para tomar mate dulce. En Chillán se hacían mates de cerámica negra.

En la época de auge de la platería se fabricaban mates de plata. En el siglo XVIII los plateros de la región que hoy ocupan Perú, Bolivia, Chile, Uruguay, Paraguay, Brasil y Argentina, competían para fabricar los mates lo más artísticamente posible, aplicando técnicas de fundición, grabado, burilado y repujado, consiguiendo verdaderas joyas.

Durante el siglo XIX era considerado elegante, entre las familias tradicionales argentinas, servir la rodada en mates trabajados por plateros famosos. Las familias importantes tenían su escudo grabado en ellos, o sus iniciales. Tenían, también, en una época, vajillas de mates de porcelana con monograma, para servir un mate individual para cada persona. Esta costumbre fue muy efímera, ya que el mate perdía su sentido.

Había mates de plata con platillo para poner bizcochitos, o para cebar con una flor, entre novios. Había mates de plata con una tapita sujeta por una cadenita, para tapar el mate y evitar que se enfriara mientras lo traían de la cocina y otros con campanita para llamar a la cebadora.

En aquella época, las familias ricas tenían una cebadora y, a veces dos, una para dulce y otra para amargo.

"Son unos argentinos perfectos como se entendía en 1915... arraigados a una nostalgia de la estanzuela con chinitas cebando mate..." escribe Cortázar.[29]

---

[29] Julio Cortázar, *Rayuela,* p. 596.

En *El mate del inglés*, de F. Silva Valdés, leemos:

> *La señora de la casa*
> *dio de su sillón un salto*
> *y se metió en la cocina*
> *para corregir el caso*
> *dando un reto a la pardita*
> *la que lloró protestando.*

Los relatos de la vida social de Santiago a principios de siglo también muestran un cuadro semejante, con las sirvientas cebando mate.

Los mates de plata, vidrio y porcelana pueden encontrarse actualmente en algunas colecciones particulares o en los museos Histórico –de Luján–, Martiniano Leguizamón –de Paraná–, Isaac Fernández Blanco, de Motivos Argentinos, José Hernández y Cornelio Saavedra –de Buenos Aires–. Se dice que la mayor colección de mates es particular, del señor Francisco Scutella, en Entre Ríos.

Hay aún plateros que hacen mates trabajados. Estos mates de colección, entre los que se encuentran, también, mates de guampa con adornos de plata y oro alcanzan precios altísimos en remates de arte. Datos de 1985 informan que la Casa Pardo de Buenos Aires vendió un mate en u$s 3.500.

CAPÍTULO XIII

LOS CUIDADOS CON EL MATE

Antes de empezar a usarlos, los mates tienen que ser "curados". Esto solo es posible cuando los mates son naturales (calabaza o madera), porque los otros materiales no son porosos y no permiten la maduración de la infusión.

La cura del mate se realiza con yerba usada de mate amargo (el *caaycué*). Se debe dejar 24 horas, y repetir la operación durante tres días, sustituyendo la cebadura. Hay otras técnicas que hoy prácticamente no se usan: enterrar el mate, curarlo con humo o con cenizas. El mate dulce se curaba con azúcar, a la que se le echaba una brasa encendida, sacudiéndolo.

Lo que se observa hoy en día es que se curan ambos de la misma forma. Inclusive hay mucha gente que adhirió a la corriente de que "el mate se cura cebando".

Un dato curioso sobre la cura del mate nos llega de Chile, donde se curan con chicha, dando origen al eufemismo "estoy curado" para decir que se está borracho. También se curan con leche hervida, agua de porotos o harina tostada.

Hay que tener el cuidado de limpiar el mate siempre que se usa, porque, después de curado, dejar la yerba usada en el recipiente le da gusto ácido, máxime si es dulce, que fermenta más.

Para sacar la yerba del mate, se utiliza la propia bombilla.

Nunca se lava el mate con jabón, porque este dejaría gusto.

También sobre esto hay controversia. Uno de los mayores conocedores del mate, mucha gente dice que el mate no se debe lavar. Solo se le debe sacar la yerba.

Los mates de calabaza, ya se dijo, se rompen si se caen, por lo tanto hay que cuidar de que eso suceda lo menos posible. Un implemento que ayuda mucho para la preservación del mate es el posamate.

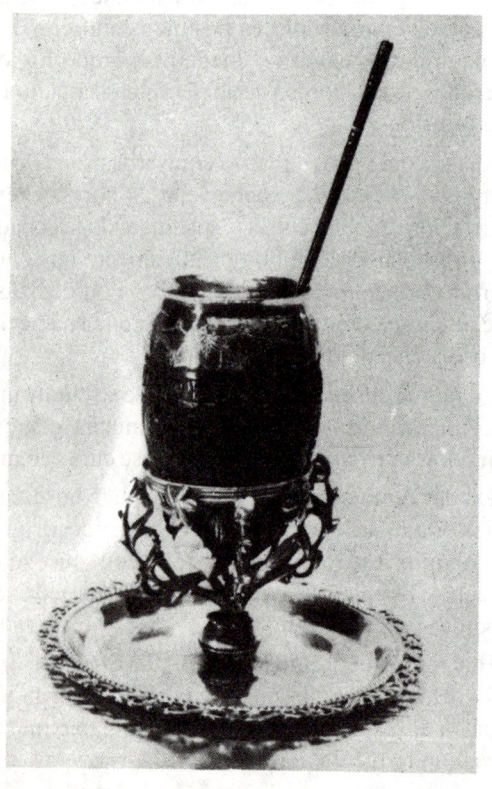

CAPÍTULO XIV

LA BOMBILLA: ORIGEN Y VARIEDADES

Al igual que el mate, la bombilla es un invento guaraní. Fue, en su inicio, una cañita de tacuapí (cuyo nombre científico es *Arundo dunax*) a la cual posteriormente le agregaron un coladorcito de fibras vegetales trenzadas.

La bombilla continúa siendo eso, un cañito con un colador en la base, existiendo apenas variaciones regionales en lo que se refiere al tamaño del colador y al largo de la bombilla.

Hay dos formatos básicos para el colador: paletilla (achatado) y coco (esférico). Las hay también semiesféricas y redondas achatadas. La paletilla común es piriforme de un lado y achatada del otro; también se le llama cucharil. Hay coladores desarmables que facilitan la limpieza. El cuello de la bombilla puede ser derecho o curvo, siendo que este último fue ideado a mediados de este siglo para tomar mate en la cama.

La evolución de la bombilla de caña a la actual de metal se procesó a lo largo de los siglos, habiendo una hipótesis de que la palabra "coco" para la bombilla actual se debe a que en determinado momento se utilizó un coco, una cucurbitácea perforada para hacer las veces de colador. Otros autores entienden que la etimología de esa palabra proviene de *kokko*, que en quechua quiere decir trenzado de junco. Hubo también bombillas de hueso con el colador trenzado con chala.

En la etapa de auge de la plata, se fabricaron bombillas de plata con boquilla de oro. Actualmente también se fabrican, pero en escala bien reducida y se venden en joyerías por precios que oscilan en los u$s 100. Las había, en el siglo XVIII, con incrustaciones de piedras (rubíes y diamantes). Entre la segunda mitad del siglo XIX y los años 20 del XX, se servía, en las confiterías de Buenos Aires, el "mate con pajita", y en los años 30 se inventó la bombilla de vidrio, también descartable. Estos tipos de "mate higiénico" no tuvieron éxito, por un lado porque la sensación de tomar con vidrio no es la misma y, por otro lado, porque, como dijimos al principio, el mate no es bebida de café, el mate tiene otros contenidos en nuestra cultura. La bombilla de vidrio también era usada en Chile, en las estancias próximas a Santiago, alrededor de 1925 y un testigo de aquel tiempo cuenta que nunca consiguió tomar mate después de ver el líquido retornando por la bombilla cuando las personas sorbían.

Actualmente se fabrican bombillas de alpaca, acero inoxidable, aluminio y lata. Estas últimas, muy baratas y conocidas como "bombilla de pobre", tienen el inconveniente de calentarse demasiado. Por eso a las personas muy sensibles se les dice "bombilla de lata". Se hacen imitaciones de las joyas de antaño, con boquilla de metal amarillo y piedras falsas rojas.

El tamaño de las bombillas crece de sur a norte. La bombilla argentina del sur tiene unos 25 cm de altura, puede ser recta o curva, con filtro coco o paletilla. Hay bombillas curvas de 15 cm usadas para matecitos chicos individuales, e, inclusive, para niños.

En Brasil, las bombillas son de 30 cm de altura, rectas, con un filtro paletilla redondo, en forma de papa souflée.

En Uruguay se usaban bombillas de tamaño medio, pero, a partir de la década de 1970, el empobrecimiento de la industria de ese país ha llevado a la difusión de la bombilla brasileña.

En la década de 90 ha aparecido, en Argentina y

algunas regiones de Uruguay, la bombilla de caña original, que se vende en ferias de artesanías. Aunque la mayoría de las personas la compra con fines decorativos, puede ser usada normalmente.

La bombilla se divide en pico, cuello, y filtro; entre el cuello y el pico, hay un anillo que se llama pasador.

La limpieza de la bombilla es esencial para evitar que se tape. Siempre hay que enjuagarla después del uso y, periódicamente, hacerle una limpieza profunda. Esto puede hacerse hirviéndola durante diez minutos en una solución de agua con bicarbonato, o colocándola a fuego directo. Se puede usar también un limpiador de bombillas, que es un alambre flexible recubierto de cerdas o fibras plásticas, que se pasa por dentro del cuello. Si la bombilla no es desarmable, se lo introduce por el pico y si no se puede introducir por la base. Las bombillas desarmables tienen el filtro unido al cuello por una rosca. Tienen la ventaja de ser prácticas para limpiar, pero el inconveniente de ser muy frágiles. Siendo que el mate se limpia haciendo palanca, la parte de la rosca se abre con facilidad o se degüella; en general, el matero se da cuenta de que esto sucedió, cuando se atora con la yerba que ha entrado por las ranuras. La forma de preservar estas bombillas es no "bostear" el mate con ellas, usando una cuchara para vaciarlo.

Un complemento novedoso que ha salido en estos últimos años en Brasil es una protección de tul para colador de bombilla, destinada a evitar que la bombilla se tape debido a la molienda fina de la yerba.

CAPÍTULO XV

LA PAVA

Elemento inseparable del mate fue siempre la pava, recientemente sustituida por el termo, en el Río de la Plata y Río Grande do Sul. Este implemento tuvo su origen como simple jarrito (parecido a las actuales lecheras) y se llamaba caldera, nombre con el cual se la designa todavía en Uruguay y Entre Ríos. En Brasil se llama *chaleira*, lo que podría ser traducido como tetera, ya que *chá* es té, y también *chocolatera* fusionando la cultura del mate con la del cacao:

"*...nesse mesmo momento e instante a velha Fermina entrou na roda, e ligeira como um gato, varejou no Bonifácio uma chocolateira de água fervente... do chimarrão que estava chupando.*"[30]

"*Na sala do estancieiro havia ums quantos paisanos;... corria o amargo. Em cima da mesa, a chaleira.*"[31]

> Con el mate y la caldera
> y guitarra y qué pitar

---

[30] En ese mismo momento e instante, la vieja Fermina entró en la rueda y, ligera como un gato, le tiró a Bonifacio una chocolatera de agua hirviendo, del cimarrón que estaba chupando (J. Simões Lopes Neto, *op. cit.*, p. 17).

[31] En la sala del estanciero había unos cuantos paisanos; (...) corría el amargo. Sobre la mesa, la tetera (*Ibídem*, pp. 10-11).

tiene cómo disfrutar
cualquier mozo de p'ajuera.

Anónimo uruguayo

Brilla el fuego y chispea alborozado...
con alegre rumor en la caldera
el agua suena; el mate regalado
prepara la puestera.

Segundo Vilafañe

En Argentina, cuando se cambió el jarrito por el utensilio de formato actual, con pico, a mediados del siglo XIX, se le dio el nombre de pava. La etimología de la palabra también es controvertida. Para algunos proviene del vocablo pampa "pafa" con que los indios designaban el recipiente. Ya otros opinan que "pafa" es corruptela de pava, y que esta denominación obedece al ingenio del gaucho, que asoció el formato del nuevo recipiente importado de Europa (primero de España y después de Inglaterra) con una pava empollando:

Tengo nombre de animal
y siempre vivo caliente
sirviendo a la mejor gente
aunque ella me trate mal.

Copla popular de Salta y San Juan

No importa quién lo inventó, pero esta coincidencia de nombres da siempre margen a chistes e ironías, no solo con el animal sino con cualidades de carácter.

"Las de Negri... se hablaban a gritos, siempre por la nariz y la Cufina se pasaba preguntando ¿y dónde está el costurero con los hilos?... para llamar la atención y Hugo se tapaba la nariz y decía ¿y dónde está la pavita para el mate?"[32]

En Paraguay se usa la pava, llamándosele *itacuguá*,

---

[32] Julio Cortázar, *Final del juego*, p. 31.

que en guaraní significa exactamente recipiente para agua caliente (*i*: agua, *tacu*: caliente, *guá*: recipiente).

Entre el primitivo jarro y la actual pava hubo una línea evolutiva que pasó progresivamente de recta a cónica, incorporó la tapa, que en principio tuvo una cadenita, hasta la forma que hoy conocemos, que ha tenido pocas variaciones en el transcurso del siglo. La última novedad son las pavas que silban, que tienen un dispositivo en el pico que hace que el vapor provoque un sonido específico.

Un dato curioso nos llega de Perú, donde había una caldera llamada pava-hornillo, con un doble fondo en el cual se colocaban brasas.

En Chile se la llama "tetera" y había braseros especiales para mantenerla caliente (una especie de pava-hornillo de dos piezas).

Las primeras pavas fueron de hierro fundido, después se hicieron de hojalata. Hoy se encuentran de aluminio pulido o esmaltado y de acero inoxidable.

CAPÍTULO XVI

EL TERMO Y OTROS COMPLEMENTOS

El termo es un recipiente especialmente ideado para mantener el calor. Es una botella de paredes de vidrio dobles separadas por un vacío donde se coloca oxígeno líquido. Fue inventado por el químico y físico escocés Sir James Dewar en 1891 y pasó a ser conocido como botella térmica, *thermos bottle*, (del griego *thermós*: calor), castellanizado como "termo".

La ampolla de vidrio es extremadamente frágil, y viene siempre recubierta con una camisa que puede ser de aluminio, acero inoxidable o plástico, que es lo que se ve externamente.

Generalmente es posible desmontarlos para poder secar la parte externa de la ampolla e interna de la camisa, adonde suele caer a veces un poco de agua. Las camisas suelen tener mayor duración que las ampollas. Éstas pueden romperse, o por la caída del termo, o durante la operación de limpieza o, a veces, por un golpe de aire frío en el momento en que se está vertiendo el agua caliente. Por eso, se venden ampollas sueltas, bajo el nombre de "repuestos para termo". Hay un tipo de termo no desmontable que es una ampolla directamente recubierta de cuero, vendida como artesanía.

El termo para tomar mate requiere, necesariamente, un pico especial. Normalmente, se usa un corcho perforado con un pico de metal que puede tener diferentes formas, inclusive, algunas moldeadas, siendo la más popular la "cabeza de caballo". También hay picos de plástico y de vidrio. Los corchos tienen dos anchos diferentes, ya que hay termos de boca ancha y de boca angosta.

En Brasil se acostumbra a cebar mate con el termo tipo sifón, ideal para café, pero que algunas personas encuentran práctico, a pesar de tener el inconveniente de que no se puede dar al agua la inclinación que precisa. En la década de 1980, los termos brasileños se popularizaron también en Uruguay y Argentina.

La creatividad de los pueblos del Plata ha rodeado el mate y el termo de una serie de complementos artesanales: porta-termos de cuero, estuches para termo y mate juntos, linternas para adaptar en el termo y posa termos de cuero y madera.

Hay una línea de corchos sin perforación para transportar el termo lleno.

Otro complemento del mate está constituido por el juego de yerbera y azucarero, que puede ser de plástico, metal o madera, además de los antiguos de plata.

Se venden innúmeros tipos de cuchara para la yerba, de metal o plástico industrializadas, o artesanales hechas en guampa, bambú, cobre, plata.

Una industria yerbatera de Argentina ha lanzado la lata con pico especial para colocar la yerba en el mate.

Otra novedad que existe en el mercado es el *Mate-Listo*, que consiste en una cebadura pronta dentro de un vaso descartable, una bombilla también descartable y un termito pequeño de telgopor que mantiene el agua caliente por 45 minutos. Actualmente en las estaciones de servicio de las rutas de Uruguay y Argentina, la empresa fabricante del mate-listo ha colocado surtidores de agua caliente, con los que se puede llenar, gratuitamente, los termos.

IV

EL MATE EN NUESTRA LITERATURA ORAL Y ESCRITA

CAPÍTULO XVII
CÓDIGO DEL MATE

El mate es una importante contribución de América del Sur a la cultura universal. Define y caracteriza a Argentina, Uruguay, Paraguay y al sur de Brasil.

"Uno de los hábitos tradicionales del gaucho es el mate, su infusión predilecta; sentado alrededor del fuego, en el suelo, pasa horas conversando, contando sus leyendas, hablando de sus supersticiones, tomando su mate amargo" dice un folleto turístico de Río Grande do Sul.

De la misma forma, la especialista en mate Elena Correa nos informa: "Es una de las cosas que definen la Argentina... Como tema y forma de expresión artística y literaria, el mate está estrechamente vinculado al desarrollo de la cultura de los países del Plata. Desempeña importante papel en la literatura, las artes y la artesanía. Es el ritual que más contribuye al lenguaje común y a los refranes."

Cualquier referencia que se quiera hacer a la argentinidad, aunque sea satírica, pasa por el mate. Hasta en el imaginario Bongwutsi de Osvaldo Soriano el cónsul argentino fue a su escritorio y "apartó el calentador para el mate" para hacer un pasaporte, y cuando se fue el argentino recién llegado lamentó "Me hubiera gustado tener con quien tomar unos mates de vez en cuando"[33].

---

[33] Osvaldo Soriano, *A sus plantas rendido un león*, pp. 13 y 253.

> *La música popular lo retrata:*
> *Veo a mi tata contento y feliz*
> *pitando un chala y meta matear*
>
> Del tiempo 'e mama

> *Al caer la oración*
> *cuando el sol ya comienza a entrar*
> *yo me voy al fogón*
> *con mi chinita a matear*
>
> Juntito al fogón

Se le atribuye al mate mucha importancia en el proceso de asimilación de los extranjeros.

"Extranjero que bebe mate, es hombre... que acondicionó su alma para aceptar integralmente la vida del país que lo acoge. El mate, por eso, es el símbolo objetivo de una conquista pacífica y gradual. Italianos y españoles, inmigrantes multicolores y estrambóticos, todos abren la puerta de su nacionalización el día aquel que la pava canta el himno de un hervor y ellos izan el estandarte del mate criollo con su bombilla presentando armas", nos dice Manuel Seoane, de Perú[34].

Y el autor argentino Fermín Ponce reforzaba:

"He podido observar otra cosa, y muchos me han dicho lo mismo; el extranjero que se aficiona al mate, arraiga definitivamente en el país, se acriolla. En cambio los extranjeros que no toman mate hacen un exagerado consumo de alcohol, y viven alejados de nosotros..."[35]

Esta vivencia del extranjero que no toma mate, por parte del criollo se ve en esta canción contemporánea:

> *Mire amigo no venga*
> *con que los gringos son gente dada*
> *yo lo vi a míster coso*

---

[34] Jover Peralta, *op.cit.*, p. 26.
[35] *Ibídem.*

> *tomando whisky con los del club*
> *pero nunca lo vide*
> *tomando mate con la peonada...*
>
> Alfredo Zitarrosa

Épocas hubo en que el mate era un medio de comunicación entre parejas. Era común en las chinas cebarle a los gauchos, de forma que se podían pasar mensajes a través del mate. Tanto es así, que registra la historia que cuando Hernandarias mandó quemar en la Plaza Mayor de Buenos Aires varios fardos de yerba, dijo: "Mándolos quemar porque el mate es un vicio que favorece a los enamorados". Si bien hoy no se usa más este código, su significado ha perdurado en la memoria. Veamos algunos códigos aún usuales:

-Mate amargo: indiferencia, se acabaron las ilusiones
-Mate dulce: amistad
-Mate muy dulce: hablá con mis padres
-Mate con toronjil: disgusto
-Mate con canela: usted ocupa mi pensamiento
-Mate con azúcar quemada: simpatía
-Mate con cáscara de naranja: venga a buscarme
-Mate de té: indiferencia
-Mate de café: la ofensa está perdonada
-Mate con melaza: tu tristeza me preocupa
-Mate con leche: estima
-Mate muy caliente: yo también estoy ardiendo de amor
-Mate hirviendo: odio
-Mate lavado: váyase a tomar a otro lugar
-Mate con cedrón: acepto
-Mate con miel: casamiento
-Mate frío: desprecio

-Mate tapado: búsquese otra
-Mate espumoso: te amo demasiado
-Mate encimado: mala gana
-Mate con ombú: su visita es indeseable

Algunos de estos códigos también se aplican en otras situaciones, como, por ejemplo, en el clásico *Martín Fierro*, en que una situación de venganza entre dos hombres está simbolizada por el mate caliente:

Cuando el caso se presente
te he de hacer tomar caliente
y has de saber quién soy yo[36].

[36] José Hernández, *op. cit.,* verso 915.

CAPÍTULO XVIII

GLOSARIO Y FIGURAS DE LENGUAJE

Existe también un vocabulario específico, un hermetismo propio del mate que define sus tipos y estados, así como el acto de tomarlo: matear, yerbear, "chimarrear" en Brasil.

Se puede elaborar un amplio glosario del mate. Veamos algunas expresiones:

AJUSTAR LA CEBADURA: arreglar la yerba ya hinchada.

ATRASAR EL MATE: demorar mucho en tomar o quedarse sosteniendo el mate atrasando el ritmo de la rueda.

ARREGLARLE LA CARA AL MATE: ver ENSILLAR.

BOSTEAR EL MATE: sacar parte de la yerba usada, con ayuda de la bombilla, para ensillar.

CAMBIAR LA YERBA: poner una nueva cebadura para seguir la rodada.

CANSAR LA YERBA: hacerla rendir al máximo.

CEBADURA: porción de yerba que está siendo usada.

CEBAR GUARAPOS: cebar muy dulce y tibio.

CIMARRÓN: mate amargo.

COLGAR EL MATE: dejar de cebar por iniciativa del cebador.

CORTAR LA CEBADURA: estropearla echándole agua hirviendo.

CURAR EL MATE: prepararlo para uso.

DAR VUELTA LA YERBA O EL MATE: cambiar la yerba de

posición para que la yerba de arriba, seca, pase para el fondo. También se dice darle vuelta la pisada al mate.

Desparramar la yerba: tomar, después del mate, caña, cognac, ginebra o "pinga" (en el Litoral, Uruguay y Brasil).

Encimar los mates: servir uno atrás del otro.

Ensillar el mate: renovar parcialmente la cebadura, bosteando primero.

Gracias: no quiero más.

Lágrima de ñandú: ver Mate lavado.

Lavativa: metáfora para el mate tibio, que desarregla el intestino.

Matar el gusano: ver Desparramar la yerba.

Mate apretado o trancado: con la bombilla tapada.

Mate chulla o chuya: ver Mate lavado.

Mate de hospital: ver Lavativa.

Mate lavado: cebadura que se gastó, perdiendo el sabor y la espuma.

Mate llorón: que rebalsa.

Mate misqui: con agua con miel (Santiago del Estero).

Mate de tropero, resero o carrero: cada uno de la rueda le ceba al que está al lado.

Mate de velorio: recipiente grande que pasa de mano en mano para que cada persona tome un trago.

Ojo de buey: ver Mate lavado.

Pialador de mates: persona que no respeta el orden de la rueda, cambiándose para tomar más.

Poro: mate piriforme

Quemar la yerba: desparramar (interior de Argentina). En el litoral y Uruguay, cortar la cebadura.

Sobornal: yerbera de cuero.

Tayador o tallador: cebador.

TERCIO: recipiente de cuero crudo para guardar yerba.

YERBA RENDIDORA O AGUANTADORA: que rinde muchas vueltas.

Muchas de estas expresiones han sido transportadas a otras situaciones. Cantaba Palito Ortega, no hace mucho:

> *Qué te pasa gaucho, qué te pasa gaucho*
> *que andás con la cara de mate lava'o.*

Encontramos también muchos refranes que se refieren al mate así como metáforas u otras figuras de lenguaje:

"Habiendo mate y cueva, déjale que llueva" (o sea, habiendo mate y techo, el resto no importa).

"O importante nesta vida é mate e cara alegre. O resto a gente faz!"[37]

"El mate es como las botas, las más lindas son las rotas" (hace alusión al hecho de que el mate, cuanto más viejo, inclusive roto, está mejor porque está más impregnado).

"Saber más secretos que bombilla" (saber mucho, inclusive más que aquella a la que todos cuentan sus secretos al tomar).

> *De balde te hacés la austera*
> *y me mosqueás con la isiilla*
> *porque te sé, de hace mucho*
> *más cosas que la bombilla.*
>
> Anónimo

(La expresión es también una metáfora para definir a las personas chismosas.)

"Andar a mates ahogados" (estar muy apurado).

---

[37] Lo importante en esta vida es mate y cara alegre, el resto uno lo hace (tradición oral de Río Grande do Sul).

"Diande yerba, puro palos" (originaria de Chile, esta expresión denota la falta de lo esencial).

"Calentar el agua para que otro se tome el mate" (hacer esfuerzos para darle el mérito a otro).

> *El amor de las mujeres*
> *es rojo como el tomate*
> *si uno calienta el agua*
> *los otros toman el mate.*

Anónimo

"Andar con la yerba en la boca" (andar amargado. Alude a la sensación desagradable de que se pase yerba por la bombilla).

"Tomá mate" (bien hecho).

"Tomá otro mate" (quedate un poco más).

Hay muchos eufemismos y metáforas con el mate usado en el sentido de cabeza:

"Nadie sabe lo que al mate le cabe" (nadie sabe lo que puede pasar por algunas cabezas).

"No tiene cruz en el mate" (no tiene juicio).

"Debe arroparse el mate" (tiene que abrigarse la cabeza para no decir o pensar disparates).

"Romperse el mate" (en el mismo sentido figurado de romperse la cabeza, pensar mucho algo difícil).

"Era tan pelado que se le veía la yerba."

Hay expresiones para el primero y el último mate. "El mate de Ruperta" es el primer mate, y "el mate del estribo" es el último antes de irse. ("El estribo" también aparece en otras culturas, con el mismo sentido.)

> *Me estoy tomando ya la del estribo*
> *ahorita ya no sé si tengo sed*
> *ahorita solamente yo les pido*
> *que toquen otra vez la que se fue*

Copla popular de México

*"Andar de bombilla" (*se refiere a la moda de los años 50, el pantalón bien apretado para hombre).

"Mate que cambia de mano, se echa a perder"(en sentido figurado, se refiere a las mujeres).

"Más zonzo que mate cocido"(el buen tomador de mate desprecia el mate cocido, pues no le siente sabor).

"La pava está que vuela" (se aplica cuando la pava está hirviendo y, en sentido figurado, se dice de una mujer muy enamorada).

"Ojos de mate, ojos de caaycué, ojos de mate dulce, ojos de mate de leche" (ojos verdes).

"Flaco como mate de preso" (los presos y los pobres a veces usan la misma yerba dos veces, dejándola secar, dando un mate muy debilitado).

> *Señores yo soy pobre*
> *pobre pero delicado*
> *yo no sé querer usar*
> *yerba que otros han usado.*

Anónimo

"Más fiero que mate de ruda" (el mate de ruda, antídoto contra los "daños", es extremadamente amargo y feo).

"Antipático como mate final" (el último mate, en general, está lavado, sin gracia).

"Con cara de mate tranca'o" (Persona de cara chupada, flaca).

*"Más amiga de la mano que galleta" (*se refiere a una mujer y alude al hecho ya comentado de que la galleta no se apoya).

"Renombrado como yerba buena"(persona popular).

"Ajuste, pa'l que le guste" (ajustar la yerba es opcional, así como muchas actitudes cotidianas en las que se aplica la expresión).

"No tener ni para yerba" (estar en la última miseria. En otros tiempos la yerba era tan barata, que era lo último que se dejaba de comprar).

"Besada como bombilla" (se dice de una mujer muy noviadora).

"P'a semejante bombilla, mejor tomar a tragos" (ironía sobre la escasez de alguna cosa).

Hay también chistes sin significado oculto:

"Durante su vida tomó tanto mate, que cuando murió quedó verde."

"El rey de la yerba implantó la nobleza de sangre verde."

CAPÍTULO XIX

POEMAS, CUENTOS Y COPLAS SOBRE EL MATE

La literatura de los países del mate es pródiga en poemas, cuentos y odas dedicadas a este. Existen los de origen anónimo y los de autores contemporáneos, demostrando que el mate continúa inspirando a los hombres de letras, a pesar de que no con la misma intensidad que antes.

> *Para desechar la pena*
> *de la vida en el combate*
> *no hay nada mejor que un mate*
> *cuando la yerbita es buena*
> *da fuerzas en la faena*
> *a que se agacha el rural*
> *y no hay otra cosa igual*
> *a un sabroso amargo cuando*
> *lo va el gaucho saboreando*
> *en la puerta del corral.*

Anónimo

Un poema épico de Daniel E. Fernández cuenta la historia argentina a través del mate. Destacamos algunas estrofas:

> *En el plantío lozano*
> *adquirió la redondez*
> *de la plena madurez*
> *bajo el cielo soberano.*

Pero el gaucho americano
para beber la infusión
de su vieja tradición,
le abrió la boca con mañas
y le quitó las entrañas
con la punta del facón.

Después que el sol lo secó
con el charque y con los cueros,
para campear por sus fueros
a la cocina llegó.

Allí se le atiborró
de yerba para cebar
y cuando empezó a cantar
la pava tierna romanza
le enterraron en la panza
la bombilla familiar.

Luego, por los corredores
y sin el menor empacho
llegó hasta el propio despacho
de Alcaldes y Regidores.
Con los severos Oidores
de la Audiencia tuvo trato
y se filtró sin recato
del Cabildo en los salones
y trepó los escalones
adustos del Virreinato.

....
Constituida la nación
tomó carta de porteño
y de los salones dueño
fue en cualquier función.
Estimuló el pensamiento
de la nueva sociedad
y ha llegado a nuestra edad
en pleno florecimiento.

....

*Su reinado será largo
como del choclo la hilacha
dulce para la muchacha
y para el varón amargo.*

*Jamás ha tenido embargo
para encender la pasión
que es fama de un cimarrón
todos los desdenes zanja
con cáscaras de naranja
o con hojas de cedrón.*

*De la dicha y de la pena
compañero inseparable,
se ha conservado inmutable
en la mala y en la buena
o rezando la novena
o entonando una canción
o en la taba y el choclón
preludiando un cielito
o velando al angelito
o bailando el pericón.*

*Cuando se desgarre el tiento
que me sujeta a esta vida
al emprender la partida
si me queda algún aliento
para marcharme contento
me han de alcanzar un amargo.*

Un cuento uruguayo de Adolfo Montiel Ballesteros, dice así:

"Nosotros también tuvimos nuestro Adán criollo, a quien Dios, de una costilla le formó una Eva que le presentó como compañera. Luego de la china le trajo el pingo, para la lidia del trabajo y de la diversión, del paseo o de las carreras. El pingo no se presta,

como la guitarra, que también le regaló, para endulzar los pesares, para ensayar estilos, tristes y vidalitas, donde volcar la poesía de su alma.

Más adelante, para defenderlo de la intemperie, le construyó el rancho en cuyos horcones se colgaría una rústica cama y en cuyo fogón se asaría el churrasco para alimentarse. Después le trajo el perro vigilante, y la alondra matinal de la calandria autóctona para, en la aurora, despertarlo con su música desde la enramada.

Y el hombre, con todos esos tesoros aún parecía no estar contento y Dios le preguntó:

—¿Qué te falta?

Y el paisano le contestó, filosofando:

—Todo pasa, tata Dios, menos el dolor... Mi mujer se puede ir con otro; habrá momentos en los cuales no tendré ganas de cantar; cuando sea viejo no montaré el pingo; el hijo hará rancho aparte; se puede alzar el perro; caerse la casa... Y a mí no me restaría un compañero. Un compañero para contarle despacito las penas, las tristezas de la vida; que me haga sentir su caliente mano de varón y que sea callado y fiel...

Entonces Dios le regaló el mate amargo."

Una oda de autor paraguayo refleja muy fuertemente el lugar que el mate ocupa en la vida de aquel pueblo:

> *Crece con lozanía en tus regiones*
> *la planta de la yerba, cuyas hojas*
> *proporcionan el mate, el té nativo*
> *gloria de las mañanas y la siestas.*
>
> *Nada más agradable que mecerse*
> *en la hamaca, a la sombra del naranjo*
> *en las tórridas horas del estío*
> *y tomar perezosamente mate*
> *rebosante de espuma y de fragancia*
> *cebado por las manos de una joven.*

> *Y es también delicioso y peregrino*
> *chupar tímidamente la bombilla*
> *después del turno de la amada*
> *hurtando un beso, inmaterial y trunco*
> *a los labios ausentes cuyo aliento*
> *se absorbe juntamente con el líquido.*
>
> Eloy Fariña Núñez

El poema argentino "Cada comarca en la tierra" traduce el profundo significado sociocultural del mate:

> *Cada comarca en la tierra*
> *tiene un rasgo prominente*
> *dice un bardo cuya frente*
> *refleja la inspiración*
> *y al hablar de Buenos Aires*
> *tan heroica y opulenta*
> *las fértiles pampas menta*
> *en florida descripción...*
>
> ....
>
> *Hijo de aquella provincia*
> *como el celebrado vate*
> *pongo de relieve al mate*
> *en rima pobre quizás:*
> *desde mis primeros años*
> *le he profesado cariño*
> *y si me agradó de niño*
> *ahora me gusta más.*
>
> *¡Oh, qué sabor exquisito!*
> *¡qué elixir refrigerante!*
> *Él me reanima al instante*
> *en hora de postración.*
>
> *Circula de igual manera*
> *en la choza y los salones*
> *y hasta en remotas regiones*
> *ha alcanzado aceptación.*

Se le recibe gozoso,
máxime si quien lo brinda
es alguna joven linda
realzada por la virtud.
Recuerdo que siendo novio
ni a los reyes envidiaba
cuando un dulce me cebaba
la dueña de mi laúd.

El argentino lo toma
con deleite verdadero
y bien pronto el extranjero
le cobra afición aquí
otros dan la preferencia
al té, café o chocolate,
yo me quedo con el mate,
un bálsamo para mí.

¡Cuán poético resulta,
discurriendo por el llano,
al albergue de un paisano
dirigirse en buen bridón;
apearse junto al palenque
y, después en la enramada
con gente ingenua y honrada
paladear un cimarrón!

No pocas veces exento
de toda influencia importuna
a los rayos de la luna
sentí profundo placer
oyendo de una guitarra
el rasgueo melodioso,
mientras un verde sabroso
me entretenía en sorber.

Aunque el pintoresco rancho
desapareciera un día

> *y se aboliese a porfía*
> *el uso del chiripá*
> *jamás el valiente gaucho*
> *sería echado en olvido*
> *porque el mate tan querido*
> *¡su memoria eterna hará!*
>
> B. de Iturriaga y López

La tradición de Río Grande do Sul también muestra marcadamente la presencia del mate:

> *Dos campos do meu Río Grande*
> *muito quero e até demais*
> *lá como dos meus rodeios*
> *e bebo dos meus ervais.*[38]
>
> Anónimo

> *Peço pouco nesta vida*
> *p'ra minha felicidade*
> *uma cabroca distorcida*
> *uma viola bem sentida*
> *facão, mate e liberdade.*[39]
>
> Anónimo

Muchos son los poemas anónimos donde el mate está relacionado con el amor, y no sin picardía.

> *Con el agua del arroyo*
> *que corre junto a tu rancho*
> *no hay ejemplo de que pueda*
> *tomar nadie un mate amargo.*
> *La razón de esta dulzura*

---

[38] De los campos de mi Río Grande/ mucho quiero y hasta demasiado/ allá como de mis rodeos/ y bebo de mis yerbatales.
[39] Pido poco en esta vida/ para mi felicidad/ una china decidida/ una viola bien sentida,/ facón, mate y libertad.

pude hallar no sin trabajo;
y es que tú en ese arroyito
sueles bañar tus encantos.
(Entre Ríos)

La mujer es como el mate
y hay que tenerle cuidado
cébela con yerba nueva
si quiere ser adorado.
(Santiago del Estero)

Una tarde de verano
vos con tu perro y tu pingo
yo te cebo mate amargo
y tú me besas, ¡qué lindo!
(Norte de Argentina)

Tengo flete, tengo rancho
y yerba para matear;
solo me falta una china
que me quiera acompañar.
(Jujuy)

Para qué cebás el mate
morochita de mi vida
si no han de llegar mis labios
a chupar en su bombilla.
Si lo cebás para otro
o solo por darme envidia
mejor es que no lo cebes
y dejes el agua fría.
(Uruguay)

La china que ando buscando
ha de ser como la yerba

*rendidora en el amor
y que de palos no sepa.*

*Tus ojos son dos luceros
y dos rosas tus mejillas
tus labios son dos claveles
y tus pechitos, bombillas.*

Muchas coplas chilenas hacen referencia al mate, tanto en sentido literal como figurado.

*Porque hay dos clases de mate
no se confunda, hermano;
uno encierra el saber
el otro encierra la mano.*

*Yerba mate tome usté
y no tome mucho vino,
la primera da placer
el otro le quita el tino.*

*Aguardiente y mate puro
son las bebidas de Reyes
que tomen agua los bueyes
que tienen el cuero duro.*

El poeta M. Vargas Netto, brasileño, escribió entre sus versos gauchescos uno especial para el mate:

*Chimarrão!
Descupla boa para eu apertar os dedos da
    chinoca
quando, horas a fio
ela me alcança esse amargo, que é tão doce!*

*Companheiro do rancho e do crioulo,
esquecimento e prazer!
Vício que é remédio do campeiro,
amargo que derrete as amarguras
meu amigo também!...*

> *Hoje é o melhor protetor dos namoros do*
> *pago...*
> *quānto beijo transmite sem querer!...*
>
> *Quando ela toma um gole antes de mim*
> *e deixa a boca como uma flor colorada*
> *na haste branca da bomba,*
> *e fica assim... sem dizer nada...*
> *Depois, qué mate bom!*
>
> *Cada trago teu que eu vou sorvendo,*
> *parece que me cai na alma,*
> *me lavando as mágoas,*
> *me adoçando as penas,*
> *mate amargo!*[40]

El paranaense David Carneiro también hizo un poema titulado "Amor y mate", a mediados de este siglo:

> *O amor é como o mate, na verdade*
> *como este, tal e qual se o considera*
> *verão, inverno, outono ou primavera*
> *se amolda a tudo con facilidade.*
>
> ....
>
> *Bebe o mate com tento e com cuidado*
> *cavaleiro que é destro...e o mais valente*
> *vai devagar na bomba, estando quente...*[41]

---

[40] Cimarrón/ buena disculpa para apretar las manos de la chinita/ cuando, hora tras hora/ ella me alcanza ese amargo/ que es ¡tan dulce!/ Compañero del rancho y del criollo/ ¡olvido y placer!/ Vicio que es remedio del campero/ amargo que derrite las amarguras/ mi amigo también./ Hoy es el mejor protector de los noviazgos del pago/ cuánto beso transmite sin querer/ cuando ella toma un trago antes de mí/ y deja su boca como una flor colorada/ en el pico de la bombilla/ y queda así... sin decir nada./ Después, ¡qué mate bueno!/ Cada trago que me tomo/ parece que va hasta el alma/ lavándome las amarguras/ endulzándome las penas/ ¡mate amargo!

[41] El amor es como el mate, la verdad/ como éste, tal cual se lo

En los poemas anteriores el mate aparece como un componente importante de lo cotidiano, mensajero de una comunidad que entiende sus códigos. Dentro de otra tendencia, hay poemas, dichos y versos que tienen características históricas, nostálgicas y de retrato de las desigualdades que siempre caracterizaron nuestra cultura.

MATE DULCE

Mate dulce
pulido por las manos de toda la familia,
pues toda la familia te ha tenido en palmitas,
mate de los pobres y de los ricos;
inofensivo y oportuno
como una copa de agua, como un "Padre
    Nuestro"

....
Mate dulce, juguete
para llenar el hueco de las horas más largas
pan de las horas sin pan;

....
Mate venido a menos;
bordado, bien o mal,
a punta de puñal;
eres la última letra de la palabra pasado.

Tú estabas en las penas y en las alegrías
tú sazonabas todos los acontecimientos;
en los velorios o en los casamientos
–de mano en mano y de boca en boca–
con la bombilla como un arma al hombro
tú pasabas en vela
como un buen centinela.

---

considera/ verano, invierno, otoño o primavera/ se amolda a todo con facilidad./ Toma el mate a tientas y con cuidado/ jinete que es diestro... y el más valiente/ va despacio con la bombilla estando caliente....

> ....
> *Mate venido a menos*
> *cómo me recuerdas los días de ayer;*
> ....
> *Mate dulce, corrido de los salones*
> *y arrojado a la orilla de las ciudades*
> *como los chingolos por los gorriones.*
>
> Fernán Silva Valdés (Uruguay)

ROMANCE DEL MATE

> *Del palacio al conventillo*
> *tu sitio es siempre de honor*
> *del pobre engañas el hambre*
> *del rico el ocio traidor...*
> *compañero en la vitrina*
> *de mantilla y peinetón*
> *aromado en las esencias*
> *de yerba, anís y cedrón.*
> *De la mansión solariega*
> *donde eras dueño y señor*
> *llegabas simple y bohemio*
> *a los barrios del tambor.*
> *...Hoy que la gran aldea*
> *en urbe se convirtió...*
> *tú sigues guardando siempre*
> *tu puesto de vencedor...*
> *mate amargo y compañero*
> *rey porteño del fogón.*
>
> Maruja Vidal Fernández

Existen muchos cuentos, algunos en forma de poesía, otros en prosa, que tienen al mate como elemento central. Algunos de ellos tan populares que dieron origen a metáforas aún usadas. Es el caso de "el mate del inglés" para designar un mate muy caliente, "el mate de los

Morales", con su equivalente brasileño "el mate de João Cardoso", que se refiere a alguna cosa muy demorada.

EL MATE DEL INGLÉS

*A un inglés recién venido
cuando hubo desembarcado,
le obsequiaron con un mate
no sé si dulce o amargo.*

*Pitar en aquella pipa
al hombre le gustó tanto
que supo el sabor del mate
antes de saber nombrarlo.*

*De este modo se tomó
tantos mates encimados
en su primera visita
a una casa de hacendados,
que los demás contertulios
el resuello le envidiaron.*

*Pero él luego confesó
que tomó tantos y tantos
por ignorar las palabras
adecuadas para el caso
para expresar el deseo
de decir que estaba harto.*

*Entonces un criollo chusco
le dio un consejo barato
y le dijo: —Amigo inglés
cuando se sienta atorado
pa' que no le den más mate
ha de decir "más caliente"
a la piona, al entregarlo.*

Así el inglés repitió
"más caliente" un rato largo
y se aprendió de memoria
las palabritas del caso.
Al día siguiente, aburrido,
se fue de visita un rato
a la casa de otro criollo
que le habían presentado;
y en seguida le obsequiaron
con un rico mate amargo.

Tomó y tomó diez o doce,
y cuando se hubo cansado,
con modales muy corteses,
como inglés bien educado
le largó su "más caliente"
a la parda del amargo.

La sirvienta calentó
el agua, por descontado
y le trajo un nuevo mate
calentito y bien cebado.

El inglés se lo tomó
paciente y al entregarlo
dijo otra vez "más caliente"
con tono más elevado.

La señora de la casa,
dio de su sillón un salto,
y se metió en la cocina
para corregir el caso,
dando un reto a la pardita
la que lloró protestando.

—Pero señora, si está
más que caliente, ¡pelando!

Mire usted la pava;
¡mire el agua razongando!
¿Será que el extranjero tiene
el garguero retobado?
¡Pedir mate más caliente
cuando está pa' pelar chanchos!

La dueña de casa, entonces,
ideó un plan endemoniado
y ordenó: —"Le echás el agua
por la bombilla, entretanto,
y ojalá se queme vivo
este extranjero del diablo."

La parda cumplió la orden
y un chorro de agua, pelando,
le mandó por la bombilla
al mate, y salió a acarrearlo
entregándolo al inglés
que lo recibió asombrado.

Con fastidio lo llevó
violentamente a los labios;
y, dando un grito tremendo
al quemarse pegó un salto,
tiró el mate contra el suelo,
y, con el pescuezo hinchado,
alzando en alto los puños,
los ojos desorbitados,
gritó a la pobre pardita
que lo miró reculando:

—Mí dice que "más caliente"
que más caliente, caramba.

Fernán Silva Valdés (Uruguay)

Parece que era común hacerle este tipo de bromas a los extranjeros, porque vemos una situación parecida en la literatura argentina. Santos Vega, hablando de las travesuras del mellizo Luis Salvador, cuenta:

> *Y otra ocasión a un gallego*
> *que le enseñó la doctrina*
> *le trujo de la cocina*
> *un cimarrón de humorada*
> *con la bombilla caldiada*
> *que le quemó la bocina.*

Cuenta la tradición que la familia Morales, que vivía en el camino a San Isidro, tenía la costumbre de ofrecer a los viajantes que paraban en su casa para descansar, agua y un matecito. El agua normalmente llegaba, pero el mate demoraba tanto, que el huésped decidía seguir su camino sin esperarlo.

Este cuento tiene su equivalente en Brasil y surge de la pluma de J. Simões Lopes Neto:

"João Cardoso era un sujeto que vivía por aquellas bandas del Paso de María Gomes, viejo bueno, muy estimado, pero charleta como treinta y que daba un diente por dos dedos de conversación y muy amigo de novedades. No pasaba viajante por la puerta, o más lejos, que el viejo João Cardoso no llamara, risueño e insistente como mosca; y ahí nomás ya espantaba los perros y sacando la chala de atrás de la oreja, carraspeaba y decía:

—¡Hola amigo! ¡Abájese, descanse un poco! Venga a tomar un amargo. Es un momentito... Chiruzo?

El viajante, agradecido de su suerte, aceptaba, menos alguno que otro resabiado.

—¿Y entonces?, ¿qué hay de nuevo? –y para dentro de la casa ordenaba con voz de trueno– ¡Eh, Chiruzo, traé el mate!

Y ya se ponía a conversar, hablaba, preguntaba, pedía las novedades, contaba las que sabía, se reía, opinaba, aprobaba algunas cosas, se enojaba con otras... Y el tiempo iba pasando, el viajante miraba el caballo que ya se había refrescado, miraba para el sol que subía o se escondía y amagaba levantarse.

—Bueno, ya es tarde, don João Cardoso, me voy yendo.

—Espere, hombre, es un minutito. ¡Eh, Chiruzo, dale con ese mate!

Y seguía la charla. El Chiruzo, ya fogueado, se acercaba y le susurraba al oído:

—¡Patrón, no hay más yerba!

—¡Traé de esa nomás, no demores!

Y el tiempo corría como agua del arroyo y el viajante se levantaba.

—Don João, me voy yendo. ¡Pasarla bien!

—Pero espere, hombre de Dios. Es mientras la gallina se lame. ¡Eh, Chiruzo!... ¡Dale con ese mate, diablos!

Y otra vez el Chiruzo en el oído:

—¡Pero señor, si no hay más yerba!

—Traé de esa misma, desgraciado.

Y el negro desaparecía echándole al paisano una mirada de reojo como burlándose.

Por fin el viajante no aguantaba más y la terminaba.

—Pasarla bien, don João Cardoso. Ahora sí me voy. ¡Hasta la vista!

—Pero no, compadre, espere. ¡Eh, Chiruzo, traé el mate!

—No, no lo mande cebar, gracias. Queda para la vuelta.

—Qué cosa... pena que se vaya sin querer tomar un amargo en este rancho. Es un momentito. ¡Chiruzo!

Pero el otro ya había agarrado las riendas, resuelto a irse. Y el viejo João Cardoso lo acompañaba hasta la orilla del camino y todavía insistía:

—Cuando pase, apeesé. El mate aquí nunca se para, está siempre pronto. ¡Buen viaje! Si quiere esperar... mire que es solo un momentito... ¡Eh, Chiruzo!"[42]

Otro cuento muy gracioso, de autor anónimo, tiene como tema la expresión "p'al estribo".

"Cuéntase que un paisano, para distraerse, decidió visitar un conocido. Cuando lo vio llegar, el hombre, encargado de una estancia, aunque sólo había visto al paisano algunas veces en la pulpería del gallego Gutiérrez, lo hizo entrar en la cocina, donde estaban todos alrededor del fogón. Al pasar por la sala, el gaucho vio unos lindos estribos colgados y no resistió la tentación, metiéndoselos en el bolsillo. Tomó unos mates y nervioso por lo que había hecho, decidió irse alegando que se le iba a hacer tarde. Entonces la mujer del encargado le ofreció el último mate:

—Tome otro pues... pa'l estribo.

Y el paisano, que no conocía la expresión, sacó los estribos ante la sorpresa de todos:

—¡No... si los agarré jugando!"

La historia de las luchas civiles del cono Sur hace muchas referencias al mate. El general Rufino Ortega dijo en un reportaje que el mate ganó más guerras que la pólvora. Contaba que él mismo, en una ocasión en que no tenía qué comer, ordenó: "¡Pero tenemos yerba! Hay que engañar el hambre. Mientras tengamos mate no habrá criollo que afloje en la patriada."

---

[42] J. Simões Lopes Neto, *op. cit.*, p. 33.

Adolfo I. Báez refiere un hecho histórico muy pintoresco:

"*Derrotado por tropas capitaneadas por el 'coronel de la Nación' Sandes, de triste memoria, cayó prisionero junto con varios de los suyos el gaucho oficial Antonio Valle, valiente e intrépido guerrilllero, como lo son todos los criollos de vieja cepa, y jefe de una montonera que se había distinguido en la lucha par la libertad y la autonomía de su provincia.*

Innecesario es decir que... todos fueron condenados a muerte... Llegada la hora de la ejecución... el altivo oficial Valle fue sacado último y con ciertos miramientos, sin duda debido a su fama de montonero valiente. Listo ya todo, a punto de empezar a darse cumplimiento a la sentencia, Valle, con voz clara y bien templada, solicitó una última gracia, a la que el propio Sandes, presenta allí, no se pudo negar.

—*Antes de morir* –dijo Valle– *desearía tomar un cimarrón...*

A lo que Sandes, viendo la entereza del prisionero y la energía serena con que hacía el pedido, contestó:

—*Te lo voy a hacer. Estate tranquilo: te haré el último gusto.*

Y dirigiéndose al asistente, que se hallaba detrás de él:

—*Andá y cebale un rico cimarrón, de los que yo tomo y se lo servís enseguida.*

Cuando el asistente sirvió el mate al condenado a muerte, en el mismo momento en que éste lo recibía, se le acercó el coronel Sandes para decirle con cierta sorna y desprecio:

—*Tomá nomás, hermano, y después que te hayas mandado el cimarrón andá contarle a tus hermanos en el otro mundo que nunca en tu vida has chupado un cimarrón mejor cebado y con yerba más rica.*

El oficial Valle, luego de haber sorbido la última gota de la aromática y saludable bebida, entregó el mate al asistente al mismo tiempo que exclamaba, con la mayor serenidad:

—¿Sabe que había tenido razón, mi coronel? ¡Lástima grande que no pueda tomar otro!

Semejante salida dejó perplejos a los que rodeaban al impávido oficial.

Esta tranquilidad fue lo que salvó la vida al valiente riojano, pues Sandes, que conocía muy bien es espíritu de aquella gente, le contestó:

—No tenga cuidado, amigo; esta tarde, bajo mi carpa, tomará conmigo todos los mates que guste, porque me hacen falta mozos bravos como usted."

Además de la literatura específicamente referida al mate, lo encontramos como elemento casi omnipresente en la literatura de ambas orillas del Plata, inclusive sin nombrarlo, aparece implícito en diversas situaciones. Apenas como ejemplo:

"El recién llegado chupa a conciencia la bombilla. Chupa hasta que la yerba se queja.

—Está fenómeno –dice al alcanzarle el mate a Antonio–. Vengo de parte de Matilde."[43]

"....creo haberlos convihospitados, pero ustedes luego bifurcan para otro lado/ explicá eso del hongo/ imposible, el hongo prolifera de este lado de la exégesis/ cambiá la yerba/ se acabó. Y así fueron entendiendo que eran tres y veinte y que algunos trabajaban de mañana, pero antes Patricio sacó un recorte... AFP, AP y Reuter. Cambiala vos, yo no puedo estar en todo."[44]

---

[43] Mario Benedetti, *La muerte y otras sorpresas*, p. 32.
[44] Julio Cortázar, *Libro de Manuel*, p. 69.

También en la literatura de Río Grande do Sul a principios de siglo, como en el clásico *Cuentos gauchescos*, libro en el cual, de 18 cuentos, 6 hacen referencia al mate:

"De nuestras comidas, un asado chorreando sangre, grasa y salmuera... una tripa gorda, asada a la brasa... una cabeza de vaquillona... una paleta de oveja... y un trago de caña y un cimarrón arriba."[45]

[45] J. Simões Lopes Neto, *op. cit.,* p. 68.

CAPÍTULO XX

ADIVINANZAS Y CANCIONES

El ingenio popular ha creado algunas adivinanzas con el tema mate, bombilla o pava.

"Verde verdeo, yo lo saboreo."

"Verdecito, verdecito, se va por un canutito."

"Camina sin pie, vuela sin alas, de la cocina a la sala" (antes de la generalización del uso del termo, se dejaba la pava en la cocina y se llevaba cada mate a las visitas en la sala).

"Los dos se ceban, uno se toma y otro se come."
El mate y el... (desafío para el lector)

"Una niña linda y bella, todos la besan y no duermen con ella."

"Entre un monte espeso, estira largo el pescuezo y suena como un hueso."

"De una cuevita caliente se asoma una pequeña serpiente."

"De lejanas tierras me traen y siempre vivo caliente, sirviendo a la mejor gente, y me dan el peor lugar."

Tanto las canciones folclóricas, como la música popular, antigua y moderna, los tangos y la música infantil mencionan el mate. Hasta conjuntos de rock tienen canciones referentes al mate, como la canción "Tomando mate en La Paz" del grupo Divididos y el disco "Yerba Buena" de Los Pericos.

De la tradición oral de Río Grande do Sul hay innúmeras coplas:

> *Amor queima como fogo,*
> *mas quando queima é que é amor,*
> *erva sem ser bem queimada,*
> *não tem cheiro nem sabor.*[46]

> *Cuia de prata lavrada,*
> *bomba de prata de lei,*
> *é de prata e tem lavores,*
> *certo amor que só eu sei.* [47]

> *Do pinheiro nasce a pinha*
> *da pinha nasce o pinhão*
> *nasce o mate na roçadas*
> *nasce amor no coração.*[48]

> *Menina dos olhos verdes*
> *sobrancelhas de retrós*
> *da um pulo na cozinha*
> *va' esquentar mate p'ra nós.*[49]

> *Sai daí sinhã maruca*
> *não atente seu janjão*
> *que ele agora só é homem*
> *p'ra cuia de chimarrão.*[50]

---

[46] El amor quema como fuego/ pero cuando quema es que es amor/ yerba sin ser bien quemada (se refiere al sapeco) no tiene olor ni sabor.

[47] Mate de plata labrada/ bombilla de plata de ley/ es de plata y tiene prendas/ cierto amor que sólo yo sé.

[48] Del pino nace la piña/ de la piña nace el piñón/ nace el mate en los campos/ nace el amor en el corazón.

[49] Chinita de los ojos verdes/ cejas de carretel/ hacete una llegada a la cocina/ andá a calentarnos un mate.

[50] Salga de ahí doña Maruca/ no busque a don Janjão/ que él ahora sólo es hombre/ para el mate.

Menina dos olhos verdes
me da mate p'ra beber
não é sede, não é nada
é vontade de te ver.[51]

Se a doença for na barriga
toma mate de congonha
infalível é o remédio
contra a falta de vergonha.[52]

En la tradición oral rioplatense, muchas referencias al mate se encuentran en las "relaciones" del pericón, otras son anónimas y otras provienen de la literatura gauchesca, donde el mate aparece como representante de la identidad rioplatense.

Soy licor apetitoso
jugo como hecho de encargo
soy rey de este suelo hermoso
y me llaman mate amargo.

Amalaya, quien pudiera
tener tierra en qué sembrar
un rancho para habitar
cimarrón, caballo manso
y en las horas de descanso
guitarra para tocar.

Anónimo

Cielo, cielito que sí
guárdense su chocolate

---

[51] China de los ojos verdes/ dame un mate para beber/ no es sed, no es nada/ son ganas de verte.
[52] Si la enfermedad es en la barriga/ tomá mate de congoña/ infalible es el remedio para la falta de vergüenza.

*aquí somos puros indios
y solo tomamos mate.*

Bartolome Hidalgo[53]

En muchas canciones se ve el mate con sentido figurado:

*Trenzas de color de mate amargo
que endulzaron mi letargo gris...*
"Trenzas", tango de
A. Pontier y H. Expósito

*Hoy tenés el mate lleno
de infelices ilusiones*
"Mano a mano", tango de C. Gardel,
J. Razzano y C. Flores

*Pero les debo advertir que son muchos los
que sienten
y se callan de prudentes o por temor a la biaba
y comen en las yerbiadas churrascos de agua
caliente.*
"Permiso", milonga de José Larralde

Pero la mayor parte de las composiciones se refieren al mate o a alguno de sus componentes como parte de lo cotidiano:

*Yo soy la morocha, la más agraciada
la más renombrada, de esta población*

---

[53] Una copla chilena ya dice lo contrario "Mama, maíta, no quiero/ que me esté cebando mate/ usté sabe que prefiero/ una taza de chocolate".

*soy la que al paisano muy de madrugada
bajo la enramada brinda un cimarrón.*
>"La Morocha", tango de
>E. Saborida y A. Villoldo

....
*cuando no tengas ni fe
ni yerba de ayer
secándose al sol.*
>"Yira-Yira", tango de E. S. Discépolo

*El primus no me fallaba
con su carga de aguardiente
y habiendo agua caliente
el mate era allí señor.*
....
*Y en el primus no bulle la pava
que a la barra contenta reunía*
>"El bulín de la calle Ayacucho",
>tango de J. Servidio y C. Flores

*Siempre llevo bizcochitos
p'a tomar con matecitos
como cuando estabas vos*
>"Mi noche triste", tango de
>S. Castriota y P. Contursi

....
*los bueyes muerden despacio
un campo verdoso y lacio
y alrededor de un fogón
mate, guitarra y canción*
>"Fogón de huella", tango campero de
>A. Gallucci y Yaravi

*Ya nada le queda
de aquel argentino
que entre tango y mate
la alzó de París.*
>"Madame Ivonne", tango
>de E. Pereira y E. Cadícamo

*¡Ahura y se acaba, mi negra!
Chacarera, chacarerita
Ay qué ricos son los mates
que ceban las tus manitas.*
>(Santiago del Estero)

*Cuando me levanto, temprano a la mañana
me cebo unos mates y riego las plantas.*
>"Es la vida que me alcanza",
>de Celeste Carballo

*Así es como se dan
en la amistad mis paisanos
sus manos son
p'al cacho y mate cebado
y la flor de la humildad
suele su rancho perfumar.*
>"Entre a mi pago sin golpear", chacarera
>de Carbajal y Trullenque

*Si tu vienes matearemos en mi nido
y en el manzanal florido verás a tu naranjal.*
>"Del sur al litoral", canción
>de Marcelo Berbel

Allá cerquita del cielo
entre los andamios
sentado como un tropero le está mateando
igual como si estuviera en medio del campo.
> "El cielo del albañil", canción de
> T. Parodi y A. Tarragó Ros

Este mate nuestro de cada día
convite obligado en toda reunión
lazo de hermandad, elixir de vida,
....

compañero fiel en cada jornada
herencia genuina, savia de amistad
amargo sabor que me endulza el alma
y alienta a mi gente en comunidad.
> "Mate nuestro", canción de
> María Ofelia, Héctor y Félix Chávez

Mi apellido Tereré
del mate frío lo heredé.
> "Margarito Tereré", canción infantil
> de autor homónimo

Quién quiere un mate, yo lo convido
que el mate acerca a los amigos.
Quién presta el mate, quién trae la yerba
venga bombilla, agua no hierva.
....

Si te desprecio, te lo doy frío
si el mate es dulce, amigo mío.
....

Mate de novios, qué maravilla
un mate listo, con dos bombillas.

....
*Mate de leche, mate cocido
quieren los grandes, quieren los chicos.*
"Quién quiere un mate",
canción infantil
de Los Arroyeños

Soldado de Rosas, óleo de R. Monvoisin (1842)

CONCLUSIONES

Para concluir este trabajo, nada mejor que las palabras del poeta:

> Como me siento suyo, como lo siento mío
> al mate amargo
> yo lo llevo disuelto en la sangre
> como un jugo americano.
>
> Ronca mate madruguero
> dentro de la calabaza
> me voy sorbiendo mi América
> por la bombilla de plata.
>
> Fernán Silva Valdés

El mate es nuestra tierra, somos nosotros. Fue la única tradición realmente autóctona que resistió el tiempo y la colonización; es más, dominó al colonizador.

Llamado bebida de perezosos por algunos, y "mersa" por otros, el mate resistió las presiones y fue rescatado por las jóvenes generaciones.

Tenemos, por otra parte, la suerte de que ninguno de los poderosos del mundo se interesó por llevarnos la yerba. Ella nos pertenece totalmente.

Esta doble exclusividad de producción y consumo nos lleva a reflexionar sobre la necesidad no solo afectiva sino social de mantener el hábito vivo.

Debemos llevar el mate en nuestros paseos, en nuestros asados, tomarlo en nuestras horas de descanso.

El mate es nuestra tradición, nuestra historia; conservarlo y difundirlo es preservar nuestra identidad.

APÉNDICE

PLANTACIÓN E INDUSTRIALIZACIÓN DE LA YERBA

I. Plantación

La plantación de los yerbatales se realiza con las semillas obtenidas a partir de los frutos. Hay dos formas básicas de retirar las semillas y, para cada una, un procedimiento de cultivo:

a) *Maceración del grano*: se deja macerar el grano de 6 a 10 horas en agua fría para no esterilizar las semillas. Una vez estas maceradas, deben colocarse en forma estratificada en tierra abonada mezclada con cenizas, y se debe mojar moderadamente hasta su germinación. Una vez germinadas, las semillas deben ser trasplantadas, colocando cada muda a 1 o 2 cm de profundidad y a una distancia de 10 cm una de la otra, en cajones bien altos. Al cabo de un año, aproximadamente, llegan a 15 cm de altura, y en ese momento hay que trasplantarlas para su lugar definitivo, esta vez a 4 ó 5 metros una de la otra.

b) *Maceración de los frutos maduros*: se deja el fruto en maceración durante 24 horas. Se separa la pulpa con los dedos y se lavan las semillas dos o tres veces, en agua. Se prepara una solución con 5 kg de cenizas en 15 lt de agua y se dejan durante 30 horas en la misma, revolviendo cuatro o cinco veces por día con cuchara de madera. Se siembra en cajones altos, a razón de 200 g por metro cuadrado. La profundidad aconsejada para los cajones es de 60 a 70 centímetros.

Dos o tres meses después se obtienen las mudas, las que deberán plantarse definitivamente en los días lluviosos de mayo y junio.

El trasplante debe hacerse con una pala de madera. La plantación definitiva se debe efectuar al abrigo de otras plantas, en bosques raleados o colocándosele a cada planta protección contra el sol.[54]

Las mejores tierras son las rojas, suelos arenoso-arcillosos, con poco humus y poco calcáreo, ricas en potasa, hierro y ácido fosfórico, donde las aguas no se estanquen.

El desarrollo de la planta requiere un buen subsuelo, blando, permeable, pues la raíz, si no consigue enterrarse, se da vuelta para arriba, y así la planta enferma y muere.

Los almácigos deben ser hechos con sumo cuidado porque la yerba es una planta débil y delicada.

Tanto en el caso de yerbatales naturales como cultivados, la edad necesaria para que el arbusto empiece a producir es de cuatro a cinco años. Después de la primera cosecha, hay que esperar entre tres y cuatro años para la siguiente dejando siempre ese intervalo entre una y otra.

La época recomendada para la cosecha varía según la región y de acuerdo con los autores consultados. En

---

[54] Hasta hace más o menos cincuenta años el fruto se dejaba madurar desde fines de enero a marzo hasta que tomaba color violeta oscuro. En ese momento se quebraba y se remojaba por varias horas en una tina. Luego se frotaba con un palo de amasar y la mezcla resultante de pulpa, semillas y hollejo era lavada y tamizada. La semilla así escurrida era sembrada al voleo, en marzo y abril.

Paraná (Brasil) se aconseja cosechar entre junio y octubre, podando el 80% de las hojas; en Paraguay la época aconsejada es de enero a setiembre, cuando hubo pocas heladas en el año, o si no, cosechar, simultáneamente, las hojas y los frutos entre febrero y mayo.

Lo fundamental, y en esto los autores coinciden, es que el corte debe realizarse en forma de poda, para permitir el crecimiento del arbusto, y cuando las hojas estén secas, previa evaporación del rocío de la noche anterior.

La vida útil de un árbol de yerba puede ser hasta de 120 años, sea cual sea su origen, produciendo en escala ascendente hasta los 45 años. El rendimiento medio por árbol adulto es de 15 kg de yerba canchada. El siguiente cuadro muestra el rendimiento en proporción a la edad de la planta:

1ª cosecha	4 años	2 kg
2ª cosecha	7 años	5 kg
3ª cosecha	9 años	15 kg
4ª cosecha	11 años	20 kg
5ª cosecha	13 años	30 kg

Si se considera un yerbatal cultivado plantado cada 4 m^2 con una densidad de 625 plantas por hectárea, al cabo de diez años se podrá obtener un rendimiento de 10000 kg de yerba canchada, o sea 5000 kg de yerba apta para el consumo (ver ítem Industrialización).

II. Enfermedades

Las plagas que pueden atacar la yerba son hongos de 72 especies, enfermedades zoogénicas y fitogénicas. Entre las zoogénicas figuran: ampolla, stigmonosis, empiojamiento las tres provocadas por diferentes hemípteros. El taladrillo y el taladro (grande y podador) provocadas por larvas de dípteros y coleópteros, respectivamente, y la polilla *(Termitos truncícolos)*.

Entre las fitogénicas está la viruela (blanca y parda), sarampión, gangrena (seca y húmeda) y hollín.

El coleóptero que más comúnmente ataca la yerba es la paloma manchada.

También es atacada por varios tipos de cochinillas, hormigas, orugas y langosta. Las hojas pueden ser atacadas de necrosis, o "mal negro" cuya causa es desconocida.

Hasta hace aproximadamente cincuenta años existía, en la región del Guairá (parte de Paraguay y parte de Brasil) el mal o buba de los yerbales, provocado por un tripanosoma transmitido por un mosquito, que atacaba los mensús de dichos países, dejando cicatrices muy desagradables en sus rostros.

III. Tecnología

Las informaciones recogidas en la década de 1980 no mostraban mucha tecnología moderna apoyando el cultivo de la yerba. El INTA tiene actualmente una estación experimental en la provincia de Misiones. Allí se realizan tres cosechas anuales; marzo - abril, junio - julio y setiembre - octubre. La densidad de la plantación es de 950 a 1100 árboles por hectárea. El promedio de cosecha es de 463 kg cada 8 horas, y el rendimiento de la plantación de 6320 kg por hectárea.

Se estudiaron formas de mecanización del cultivo mediante rastras de discos de rotación excéntrica de 22", remolcadas por una tractor John Deere 1420 cuya velocidad de trabajo es de 4,8 km/h con un consumo de combustible de 3,80 l/h. El tiempo operativo de ese equipamiento es de 1,88 hectáreas/hora.

En el año 1983, en el que se publicaron estos datos, el INTA estaba diseñando una cosechadora.

Estas investigaciones, subsidiadas dentro de un plan gubernamental, también se están extendiendo a Virasoro, en Corrientes, con la plantación de nuevos yerbatales.

En esta región la empresa particular Las Marías ha conseguido plantar yerbales con densidades entre 3000 y 4500 plantas por hectárea, en los cuales el cultivo se realiza con una cosechadora.

En lo que se refiere a Paraguay y Brasil, la mecanización también es parcial, habiendo aún una base fundamental de trabajo a mano.

IV. Industrialización

Después de cosechada, la yerba se procesa en dos ciclos: el de "canchamiento", de responsabilidad del productor, y el de "beneficiamiento", atribución de los molinos.

El "canchamiento", a su vez, se divide en etapas. La primera de SAPECADO (llamado en algunas regiones sapeco, sapecá o zapecado, y de jovereo por los paraguayos), operación decisiva para la calidad de la yerba. Consiste en someter las ramas con hojas y todo al fuego directo hasta que las hojas pierdan la humedad, quedando de un color verde dorado. La operación lleva de 30 a 40 segundos a una temperatura de 250ºC.[55] La operación se realiza en un zapecador que es un horno rotativo de 6 a 9 m de largo.

La etimología de la palabra expresa muy bien el proceso: del guaraní *peca* (abrir) y *sa* (ojo), o sea que

---

[55] Estos datos varían de acuerdo con las fuentes consultadas. Las últimas publicaciones dicen que la temperatura de las hojas es de 120 grados y los humos calientes de 400 a 460º.

sapecar quiere decir abrir las vesículas acuosas de la hoja, por dilatación bajo la acción del fuego. La operación de sapecado está terminada cuando las hojas paran de crepitar.

Lo más importante en esta etapa es que el fuego no debe producir humo. El humo es el primer depreciador de la yerba. La operación debe ser hecha al aire libre para que se volatilicen las esencias amargas. Es preciso también tener cuidado de no dejar las hojas demasiado tostadas, lo que les daría un color amarillento o negrusco.

En la estación experimental del INTA ya mencionada, el sapecado se efectúa con la llama de gas, procesándose 300 kg de yerba por hora.

Esta operación es fundamental. La hoja que no pasa por el sapeco, que se seca al aire libre, queda con gusto a pasto. La yerba debe ser sapecada como máximo 24 horas después de cortada.

En el Establecimiento Las Marías las ramas recién cosechadas se dejan sobre una superficie plana llamada "playa verde" donde son ventiladas y removidas hasta entrar en los hornos de sapeco.

La segunda etapa es el SECADO, que se puede hacer de cuatro formas diferentes algunas casi en desuso:

a) *En el carijó*: es un sistema brasileño antiguo, en desuso, consistente en colocar las hojas sapecadas encima de una mesa de varas de 1,20 de altura, secándolas a fuego directo. El sistema fue siendo abandonado porque producía mucho humo y porque la madera utilizada para hacer el fuego solía transmitir su propia fragancia a la yerba. Se le llamaba Caricho, derivado del guaraní Karicho o Kari-ó, y fue el único método que los jesuitas conocieron para tostar la yerba en su época.

b) *En el barbacuá*: es un sistema típicamente paraguayo, La palabra proviene del guaraní *mbarambacuá*,

donde *mba* quiere decir montón, *mbacuá* cosa tostada y *rá* es una partícula eufónica. Consiste en el secado a fuego directo en una mesa de varas más alta que el caricho, o en una red hecha con tientos, en forma de bóveda[56] y con hornalla regulable colocada en el piso, o fuego de leña. La temperatura debe oscilar entre 80ºC y 110ºC. El secado en el barbacuá demora de 8 a 12 horas por camada. La renovación de las camadas se hace de acuerdo con la orientación del *uru*, jefe del equipo. En la planta experimental del Inta la parrilla del barbacuá está hecha con tacuaras y varillas de madera y hay una barandilla llamada *cambaraí* que sostiene las hojas. La instalación está dentro de una construcción de madera o ladrillos con chimenea. La hornalla está a 12 m, y transmite el calor a través de un ducto que termina en el centro del barbacuá con una abertura de 60 cm. La capacidad del barbacuá es de 2000 kg de producto seco. En los últimos años se ha mejorado la eficiencia del barbacuá, con la construcción de secaderos a catre, barbacuás con varios listones de madera en lugar de una sola parrilla, con capacidad de hasta 20.000 kg. La carga se transporta por cintas y el calor se distribuye con chimeneas regulables debajo de los catres. Otro tipo de secadero es el "de cinta", construido en mampostería, de 4 m de altura. Las hojas de yerba se colocan en una cinta de alambre tejido que se desplazan por el secadero, que tiene de 3,5 a 5 m de ancho y de 25 a 30 m de largo, entre 3 y 6 horas, pasando por entradas de gases calientes. Hay secaderos con dos cintas superpuestas, cuya altura es de 7 m y en este caso el material entra por la cinta superior que recibe menos calor.

---

[56] La diferencia entre el caricho y el barbacuá es que el primero era una red plana mientras en segundo es una red en forma de bóbeda que hace con que el calor se concentre en la parte más alta y luego se disperse para los lados.

c) *En las furnas*: también llamadas de barbacuá a fuego indirecto. Este procedimiento tiene la ventaja de que no hay peligro de que las hojas se quemen. El sistema consiste en una hornalla cavada en la tierra y una serie de túneles que distribuyen el calor de una fogata de leña. Se aprovecha mejor el fuego porque no está expuesto al viento.

d) *Secador eléctrico*: en la estación experimental del INTA, así como en el Establecimiento Las Marías se usa un secador eléctrico, con circulación de aire forzada que reduce la humedad final a 3% en un período de 3 a 5 horas, con temperaturas de 90 a 95°C, a razón de 300 kg/h.

Estas operaciones de sapeco y secado, juntas, pueden llamarse FOGUEADO. En Paraguay, la etapa de secado se llama tostado.

La última etapa es el CANCHAMIENTO propiamente dicho, que consiste en la trituración del producto. Es conocido también con el nombre de canchado, quiebra o quebrantamiento. Se opera con un rodillo cilíndrico con dientes de madera, tirado por un animal (caballo o burro) dentro de un tablado circular (la cancha propiamente dicha). Antiguamente, la yerba era triturada manualmente por los trabajadores, con una especie de sable de madera. Ya en los establecimientos modernos, se utilizan máquinas trituradoras, llamadas molinos a martillos locos.

En la estación experimental del INTA se obtuvieron los siguientes tiempos operativos:

Corte	648"	20,11%
Viruteo	1503"	46,65%
Quiebra	1071"	33,24%

Después de cumplidas estas etapas, en las que la yerba fue sometida a un proceso de deshidratación, se obtiene una materia prima que perdió entre 50 y 65% de se peso original. La yerba canchada debe ser conservada en lugar bien seco y no puede quedar suelta durante más de seis meses porque se pica. La mejor yerba es la empaquetada 48 horas después de tostada, en bolsas cilíndricas de lona, cuero, arpillera o polipropileno, llenándolas con la máxima presión posible.

El color, olor y sabor característicos de la yerba se deben a los cambios físico-químicos provocados por el fuego. El único elemento que permanece inalterado, esté la yerba húmeda, negra, estropeada o hasta podrida, es la cafeína.

Una buena yerba tiene las siguientes cualidades: color verde amarillento, olor persistente, sabor amargo suave que se intensifica, progresivamente hasta alcanzar el máximo en la 14ª cebadura. No se pone vieja, no se lava y siempre tiene espuma.

Una yerba mala es verde azulada, de sabor amargo desde el principio, y se lava en la octava cebadura.

Si la yerba fue bien molida y firmemente empaquetada, el estacionamiento puede contribuir para que su aroma mejore por la fusión de los éteres de su esencia característica, por eso la importancia del canchado, que aumenta la superficie expuesta para que se produzcan dichas reacciones.

El segundo ciclo es el de "beneficiamiento". Es la industrialización propiamente dicha. En primer lugar se procede a la rectificación del secado. Después a la limpieza y separación de polvo y fragmentos de gajos mediante ventiladores y mezcladores. Es la etapa de cernimiento.

En los molinos, la yerba pasa, a través de una tolva, a una trituradora dentada de la cual cae en cernidores que separan impurezàs grandes (palos y piedras), y después va a otros cernidores que separan las hojas rotas del polvo y los palos.[57] Las hojas rotas, a su vez, son trituradas por molinos centrífugos a una velocidad de 2800 r.p.m.

Existen 14 medidas de cernidores o tamices que dan las diferentes moliendas para atender los diversos mercados.[58]

Por ejemplo, la yerba consumida en el mercado argentino tiene, en media, 3 mm de diámetro. De acuerdo con el decreto del año 30 la yerba debe dejar sobre el tamiz N° 12 un residuo superior a 60% sin palos. La consumida por el mercado brasileño tiene, en media, 1 mm habiendo algunas marcas, inclusive, que son polvo.

En Argentina los molinos empaquetan la yerba en envases de 1 kg o ½ kg, y también se puede vender a granel, en barriles.

En Brasil hay una etapa de tostado, para preparar la yerba para el té, con una hoja de 5 mm de diámetro aproximado.

La diferencia básica entre la yerba canchada y la beneficiada está en el grado de refinamiento del producto. Al final del primer ciclo, las hojas se presentan secas, ligeramente tostadas, con fragmentos de gajos y pedúnculos. Este primer corte rudimentario asegura ciertas características de maduración, aroma, sabor y condiciones físico-químicas.

La yerba beneficiada es la vendida al consumidor. En Argentina la oferta está dividida en "con palos" y "sin palos", siendo que la yerba tostada para té, de los

---

[57] Actualmente en algunos molinos de pequeño porte se ha instalado un equipo de molienda integral, de bajo costo, que tiene el inconveniente de no separar las hojas de los palos.

[58] Este dato varía. De acuerdo con Muello (p. 133) había 18 tamaños. Actualmente el Establecimiento Las Marías solo tiene tres: flor gruesa, flor fina y flor impalpable.

brasileños, pasó a ser conocida después de 1990. En contrapartida, en Brasil se vende solo un tipo de yerba, con palos molidos.

Para el sabor y el olor, lo que más influye es la pureza de la yerba y su tiempo de sazonamiento en la planta. Una yerba sazonada es la que estuvo un mínimo de tres años y medio en la planta.

Una yerba puede ser mala por falta de sazonamiento, por haber sido mal sapecada, porque sus hojas se mojaron después de dicha operación o porque la secaron mal.

Las mejores yerbas son, por orden, la paraguaya, la de Mato Grosso do Sul, la argentina y la del Estado de Paraná (Brasil). La producción de yerba en la Argentina empezó en el siglo XIX, cuando el presidente paraguayo José G. Rodríguez de Francia prohibió la exportación de yerba.

BIBLIOGRAFÍA

ANTHROPOLOGICAL PAPERS: s/D Vol. 55, p. 382, *American Museum of Natural History*.

ASSUNÇÃO, Fernando O.: *El mate*, Montevideo, Arca, 1967.

BENEDETTI, Mario: *Geografias*, Buenos Aires, Nueva Imagen, 1984 (2ª ed.).

— *La muerte y otras sorpresas*, México, Siglo XXI, 1986 (20ª ed.).

— *Primavera con una esquina rota*, Montevideo, Arca/ Nueva Imagen, 1987.

BYRON, John: *El naufragio de la Fragata Wager*, Santiago de Chile, Zig-Zag, 1955 (1ª ed. en 1817).

CESAR, Nirceu da Cruz: *O mate no Brasil*, Río de Janeiro, Serie Estudos e Ensaios Nº 5 do Ministério da Agricultura, 1952.

CORTÁZAR, Julio: *Bestiario*, Buenos Aires, Sudamericana, 1969 (10ª ed.).

— *Final del Juego*, Buenos Aires, Sudamericana, 1970 (10ª ed.).

— *Rayuela*, Madrid, Bruguera, 1980 (2ª ed.).

— *El libro de Manuel*, Buenos Aires, Sudamericana.

FURLONG, Guillermo: *Los jesuitas y la cultura rioplatense*, Buenos Aires, Huarpes, Biblioteca Enciclopédica Argentina, 1946, vol. 9,(2ª ed.).

— *Antonio Ruiz de Montoya y su Carta a Comental (1645)*, Buenos Aires, Theoria, 1964.

FRANCFORT, Maurice: *Étude sur le Maté*, Paris, Mission Brasilienne de Propagande, 1908.

GALEANO, Eduardo: *Días y noches de amor y de guerra*, Buenos Aires, Catálogos, 1984.

GÜIRALDES, Ricardo: *Don Segundo Sombra*; Buenos Aires, Losada, 1973 (33ª ed.).

HAUBERT, Maxime: *La vie quotidienne au Paraguay sous les jésuites*, Paris, Hachette, s/d.

IBGE-Instituto Brasileiro de Geografia e Estatística: *Encicoplédia dos Municípios Brasileiros*, Río de Janeiro, IBGE, 1958, vol. XXIX.

INTA-Instituto Nacional de Tecnología Agropecuaria: *Estación Experimental Agropecuaria*, Misiones; Boletín Nº 71, Cerro Azul, 1983.

KÄNZIG, R.G.: *Transformación primaria*, in R.M. Mayol et al, Yerba Mate, 3er Curso de Capacitación en Producción, Cerro Azul, INTA, 1996, 129-139.

KOTIK, B.E.: *Molinería de yerba mate*, in R.M. Mayol et al, Yerba Mate, 3er Curso de Capacitación en Producción, Cerro Azul, INTA, 1996, 141-145.

MAFUD, Julio: *Psicología de la viveza criolla*, Buenos Aires, Americalee, 1968.

MUELLO, Alberto Carlos: *Yerba mate: su cultivo y explotación*, Buenos Aires, Sudamericana, 1946.

MINISTERIO DE AGRICULTURA Y GANADERÍA DE LA NACIÓN: *Boletín del Instituto de Botánica*, Buenos Aires, Dirección General de Investigaciones Agrícolas, 1949.

PERALTA, Jover: *Cancionero del mate*, Buenos Aires, Tupã, 1950.

PINTOS, Guillermo: *Teresa Parodi*, Buenos Aires, De Aquí a la Vuelta, Colección Amanecer, 1989.

ROCHA, Aurora: *Vida de pueblo*, en Todo es historia, Buenos Aires, Año XXI, Nº 247, 1988; pp. 7-33.

RODRÍGUES DE ALENCAR, F: *Erva mate*, Río de Janeiro, Minstério da Agricultura, 1960.

SAMANIEGO, César: *Ilex paraguaiensis*, Asunción, Universitaria, 1937.

SAUBIDET, Tito: *Vocabulario y refranero criollo*, Buenos Aires, Kraft, 1948.

SCUTELLA, Francisco: *El mate, bebida nacional argentina*.

SIMÕES LOPES NETO, J.: *Contos gauchescos e lendas do sul*, Porto Alegre/ Río de Janeiro, Globo, 1981 (16ª ed.).

SERRANO, Marcela: *Para que no me olvides*, Santiago, Los Andes, 1994.

SORIANO, Osvaldo: *A sus plantas rendido un león*, Buenos Aires, Sudamericana, 1995 (14ª ed.).

VACAREZZA, H. y C. DI LEONI: *Biología e higiene*, Montevideo, 1937 (conf.).

VILLANUEVA, Amaro: *El arte de cebar*, Buenos Aires, Fabril, 1962.

Material hemerográfico

La yerba mate y otras yerbas, diario La Democracia, 07/02/1986.

ASSUNÇÃO, Fernando: *El mate, su historia* (2ª parte), diario *El Día*, Montevideo, 13/11/1966.

Otros

Material de divulgación cedido por el Establecimiento Las Marías, Virasoro, Corrientes.

Material discográfico

CARBALLO, Celeste: "Me vuelvo cada día más loca", Polygram, CD 522541-2, 1994, Argentina.

DIVIDIDOS: "Andalavartelorto", Interdiscos 529404-2, 1996, Argentina.

GARDEL, Carlos: "20 grandes éxitos", LP 16626, EMI, s/d- Argentina.

LARRALDE, José: "Permiso", CAL 3139 RCA, Camden, s/d- Argentina.

LOS ARROYEÑOS: "Que se vengan los chicos", Philips LP 830-048-1, Argentina.

LOS HERMANOS CUESTAS: "Nacidos en Entre Ríos", Microfon SE743, 1976, Argentina.

MARGARITO TERERÉ: "Margarito Tereré", RCA Victor AVD 4480, Argentina.

MARÍA OFELIA: "La Calandria", Barca Discos SLC 566, 1995.

OS FARROUPILHAS EN Hi Fi-Columbia 37099, Brasil.

SOSA, Julio: "20 Grandes Éxitos", Columbia, CD 2-46176, Sony Music Entertainments Argentina, s/d.

SOSA, Mercedes: "Vengo a ofrecer mi corazón", Philips, Polygran, 8264341, 1985, Argentina.

ÍNDICE

Proemio a la presente edición / 11

I
Tomando mate / 13

Capítulo I: Cómo preparar el mate / 15
Capítulo II: El significado de tomar mate / 20
Capítulo III: Las variantes regionales / 28
Capítulo IV: Un poco de historia / 31
Capítulo V: Controversias en torno del mate / 36

II
La yerba / 41

Capítulo VI: Ficha técnica / 43
Capítulo VII: Origen de la yerba / 45
Capítulo VIII: Clasificación del *Ilex* / 51
Capítulo IX: Distribución de los yerbatales / 53
Capítulo X: Cómo producir una buena yerba / 55
Capítulo XI: Usos de la yerba / 57

III
El mate y sus complementos / 61

Capítulo XII: El mate / 63
Capítulo XIII: Los cuidados con el mate / 69
Capítulo XIV: La bombilla: origen y variedades / 71
Capítulo XV: La pava / 74
Capítulo XVI: El termo y otros complementos / 77

IV
El mate en nuestra literatura oral y escrita / 77

    Capítulo XVII: Código del mate / 81
    Capítulo XVIII: Glosario y figuras
       de lenguaje / 85
    Capítulo XIX: Poemas, cuentos
       y coplas sobre el mate / 91
    Capítulo XX: Adivinanzas y canciones / 112

Conclusiones / 121

Apéndice
Plantación e industrialización de la yerba / 123

    I. Plantación / 123
    II. Enfermedades / 125
    III. Tecnología / 126
    IV. Industrialización / 127

Bibliografía / 135

    Material hemerográfico / 137
    Material discográfico / 137

Esta edición
de 2000 ejemplares
se terminó de
imprimir
en A.B.R.N.
Producciones
Gráficas S.R.L.,
W. Villafañe 468,
Buenos Aires,
Argentina,
en diciembre
de 2002.